自己ベストを出せる!

陸上競技
長距離・駅伝

元東洋大学陸上競技部
長距離部門監督
旭化成陸上部コーチ
川嶋伸次監修

メイツ出版

はじめに

長距離走は年齢や体力、また性別を問わず誰もが取り組める競技です。球技など他の競技と違い高価な道具を揃える必要もありませんし、トレーニングを行いたいと思えば、家の周りや公園など、どこでも行えます。練習を重ねれば、その分だけレベルアップしていく楽しみを味わえるのも大きな魅力といえるでしょう。

しかしただ走るだけで満足するのではなく、競技者として記録更新を目指すのであれば、そのための練習を積む必要があります。それにはまず、レース後半でも失速をしない理想的なフォームを身に着けることが求められますし、確実なスキルアップが望める緻密なトレーニングメニューも不可欠です。またトレーニングで疲労した体を回復させて、さらにレベルアップさせるには、栄養面の基礎知識も必要となるでしょう。

本書では、そうした理想的なランニングフォームを見つける方法から目的に応じたトレーニング方法まで、記録更新につながるポイントを数多く紹介しています。その中から自分のレベルに合ったものを選んで取り組めば、競技生活が充実するはずです。一歩一歩確実に進んでいきましょう。

Restart
change your life with us

Restart

Restart

この本の使い方

この本では、長距離走が上達するためのコツを50紹介しています。基本のフォームからタイムを縮めるためのトレーニングまで、長距離走が上達するための知識を一通り網羅しているので、最初から読んでいってもいいし、自分が苦手とする項目があれば、そこだけピックアップして習得することも可能です。各ページには、

紹介しているコツを習得するために必要なポイントが3つあげられています。みなさんの理解を深めるための助けにしてください。

さらにこの本では、長距離走に必要な筋肉を鍛える補強トレーニングや、レースに勝つための食生活、駅伝の必勝法も紹介しています。レベルアップのために、参考にしてください。

CHECK POINT!

コツをマスターするためのポイントを3つ紹介している。練習する際は、常に意識して行う。

IDE

FRONT

ツマ先を進行方向に向けて、カカトから着地をすると衝撃をやわらげることができる。

PART 1

理想のフォームを身につける

POINT 06

カカトから着地をして拇指球で蹴る

CHECK POINT!
1. 着地をしたらすばやくフラットな状態にする
2. 地面の反発を利用して蹴り出す
3. 親指の付け根の拇指球を意識する

楽に長く走り続けるための理想の着地をマスターする

長距離走で楽に長く走り続けるためには、フラットに近いカカトからの着地が基本になる。

走るときの着地の衝撃は一般に体重の3倍になるといわれているため、全力疾走をする短距離走のようにツマ先から着地をすると、長距離走の場合、足の筋肉に大きな負担をすることもあるからだ。しかしカカトから着地するといっても、ツマ先をあげすぎると前への動きにブレーキがかかり、スピードが出にくくなってしまうため注意が必要だ。

理想的な着地は、**ツマ先を進行方向に向けて、カカトから地面に接する。そこからすばやく足をフラットな状態にして、地面からの反発を利用して蹴り出す**。着地の動きがスムーズにできるようになれば、力をロスすることなく本来の動きに重ねていく。

26

解説文

このページで紹介しているコツと、関係する知識を紹介している。じっくり読んで理解を深めよう。

※本書は 2011 年発行の『大会で勝つ! 陸上長距離・駅伝　記録を伸ばすポイント 50』を元に加筆・修正を行っています。

コツ
タイトルとCHECK POINT!に連動して、コツをマスターするために写真を使って分かりやすく解説する。

プラス +1
コツをマスターするための詳しい知識やポイント、練習方法をアドバイスする。

コツ 1 着地をしたらすばやくフラットな状態にする

ツマ先を進行方向にまっすぐに向けて、カカトから着地をする。カカトをあげすぎると、前に進む動きにブレーキがかかってしまうので注意する。カカトから着地をした後は、足裏全体で地面をキャッチするように、すばやく足をフラットな状態にする。

コツ 2 地面の反発を利用して蹴り出す

足先をしっかりと進行方向に向けたまま、左右にぶれないように注意をする。足裏全体で地面をキャッチしたら、その反発を利用して、親指の付け根にある拇指球で地面を蹴り出す。この一連の動きをスムーズに行うことで、ロスなく体を前に移動させることができる。

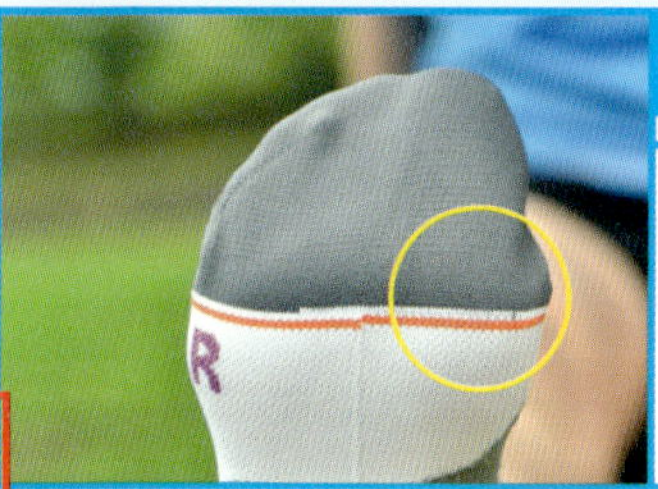

コツ 3 親指の付け根の拇指球を意識する

まっすぐに立ち足の親指の付け根の拇指球と呼ばれるところに重心を乗せると、左右のブレが少なくなり体が安定するのが分かるはずだ。走るときも同じで、着地後に地面を蹴り出す際、拇指球を意識すると、無駄な力を使わずに走ることができフォームの安定につながる。

プラス+1 地面からの反発を意識する練習

楽に長く走り続けるには、地面からの反発を利用することが大切。その感覚をつかむために、体の力を抜きリラックスした状態で、カカトを浮かせて、トントントンとリズミカルにジャンプを繰り返す。拇指球で地面からの反発を感じることがポイント。

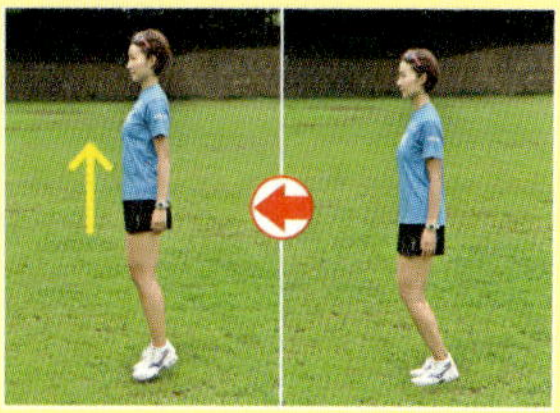

27

目次

はじめに……2
この本の使い方……4

PART1 理想のフォームを身につける……9
練習を重ねた分だけレースで輝ける！……10
POINT 01 理想のフォームなら楽に長く走り続けられる……16
POINT 02 フォームの一連の動きをチェックする……18
POINT 03 背筋を伸ばしてまっすぐ立つ……20
POINT 04 骨盤と腕振りの連動の感覚をつかむ……22
POINT 05 ヒジを後ろに引いて腕を前後に振る……24
POINT 06 カカトから着地をして拇指球で蹴る……26
POINT 07 2つのフォームの特徴をつかむ……28
POINT 08 フォーム作りのためのエクササイズ①……30
POINT 09 フォーム作りのためのエクササイズ②……32
POINT 10 ノルディックウォーキングでフォームを作る……34
POINT 11 フォームチェック① 背中が丸まり腰が落ちる……36
POINT 12 フォームチェック② 腕を振るとき肩も一緒に動く……38
POINT 13 フォームチェック③ 体が後ろに傾きアゴがあがる……40
COLUMN 長距離走の春・夏のアイテム……42

PART2 団体競技の駅伝を楽しむ……43

POINT 14 チームで戦う駅伝の魅力とは……44
POINT 15 目的にあった練習を重ねる……46
POINT 16 レースに勝つためのオーダーの組み方……48
POINT 17 他の選手の分を埋め合わせて走る……50
COLUMN 長距離走の秋・冬のアイテム……52

PART3 目的に合わせたトレーニングをする……53

POINT 18 長距離走の4つの要素をおさえる……54
POINT 19 腕を振って一歩ずつ意識して歩く……56
POINT 20 一定のリズムを守ってゆっくり走る……58
POINT 21 ウィンドスプリントで走力をつける……60
POINT 22 レースでのペース感覚をつかむ……62
POINT 23 速いペースで走り間をジョグでつなぐ……64
POINT 24 段階的に走るペースをあげていく……66
POINT 25 目標タイムを設定して走る……68
POINT 26 長い距離をゆっくりと走る……70
POINT 27 坂道をトレーニングに利用する……72
POINT 28 休養もトレーニングメニューの一部と考える……74
POINT 29 5000m・10000m走のトレーニングメニュー……76
POINT 30 目標タイム4時間以上のトレーニングメニュー……78
POINT 31 目標タイム4時間以内のトレーニングメニュー……80
POINT 32 気温が高い季節は工夫して走る……82
POINT 33 心拍数を計測してトレーニングに生かす……84
COLUMN シューズの選び方……86

PART4 ストレッチ&補強エクササイズ …… 87
POINT 34 ランニングで使う筋肉をチェックする …… 88
POINT 35 体のケアと補強エクササイズの必要性 …… 90
POINT 36 ストレッチの注意点 …… 92
POINT 37 首と肩まわりのストレッチ …… 94
POINT 38 背中と腰、体側のストレッチ …… 96
POINT 39 下半身のストレッチ …… 98
POINT 40 ウォーミングアップのためのステップドリル① …… 100
POINT 41 ウォーミングアップのためのステップドリル② …… 102
POINT 42 体幹を鍛える筋肉トレーニング …… 104
COLUMN 長距離走者に多いケガ …… 106

PART5 レースに勝つための栄養学 …… 107
POINT 43 4つのポイントでトレーニングを考える …… 108
POINT 44 5大栄養素をバランスよくとる …… 110
POINT 45 炭水化物でスタミナを手に入れる …… 112
POINT 46 たんぱく質でレースに勝つパワーを養う …… 114
POINT 47 骨を強くしてスピードアップにつなげる …… 116
POINT 48 十分な水分補給を心がける …… 118
POINT 49 サプリメントで効率よく栄養を補給する …… 120
POINT 50 カーボローディングでエネルギーをためる …… 122
POINT +α 朝・昼・晩の理想の食事メニュー …… 124

おわりに …… 126

PART1

理想のフォームを身につける

監修協力　大崎栄・片岡純子

プロローグ

「練習を重ねた分だけレースで輝ける！」

ランニングブームの現在、ダイエットや健康目的に走り始める人も多い。しかしレースで記録を狙おうとするならば、高い目的意識を持った練習が必要。ここではシドニーオリンピック男子マラソン代表の川嶋伸次が、スキルアップに欠かせないフォーム改造のコツやレースにむけてのコンディション作り、駅伝のセオリーや長距離走の魅力などについてアドバイスする。

しっかりとした練習を積んで自分に合ったフォームを見つける

長距離走で大切なのは練習です。現在ランニングがブームになっていますが、やはりそれなりのレベルで記録を狙うとなると練習は必要です。しっかりした練習をしないと、ケガをすることもありますし記録も伸びていきません。なにより長距離走はすぐに結果が出るわけではないので、練習を積み重ねていくことが大事です。

ランニングフォームというのは、人がそれぞれ持っている**骨格や筋肉の付き方によって違いがあるので、個人差があります。**だから一概に「このフォームがいい」とは言えないと思います。しかし一つだけ言えるのは、よいときと悪いときのフォームに差があるということは、自分でわかっておいたほうがいいです。**苦しくなくて楽に走れるときのランニングフォームというのは、その人に合っているフォーム**です。だからそのフォームを覚えておいて、苦しくなってから、**なるべくそのフォーム**

を維持できるようにするといいでしょう。

柔軟性と必要な筋力をつければケガを防ぐことができる

体が傾いていたりブレがあると、負担がかかってケガの原因になります。ケガをしてしまうと、練習もできなくなってしまい元も子もありません。ケガをしないためにも、きちんとしたランニングフォームで走ることは大切なことだと思います。

ランニングフォームをマスターする際に大事なのは、まずイメージしてみることです。目標にしている選手や憧れているトップ選手がいるのなら、**そういう人のランニングフォームをじっくりと見て頭に入れて、イメージをしながら走る**といいと思います。競技歴の長い選手にとっては、ランニングフォームを変えるというのは、それほど簡単にはいかないと思いますが、やはりよいイメージを持って走るというのは、どのレベルの選手にとっても大事なことだと思います。

フォームを改善する際は、無理なく変えていくことがポイントです。極端に変えてしまうと故障の原因になるので、**少しずつ悪いところを修正していくようなイメージ**で取り組んでいきましょう。

きちんとトレーニングをしているかぎりは、ケガの心配はそれほどする必要はないと思います。しかし自分の筋力以上にやり過ぎてしまうような間違ったトレーニングというのは危険です。ケガをせずに元気に走るには、**体の柔軟性を身に付けることと、最低限の筋力をつけておくことが大事**です。この2つが守られていないと、ケガに直結することが多いので気をつけてください。

コンディション作りは自然体がポイント

フルマラソンのような長い距離になると、練習でそれなりの距離を踏まなければ、レースで結果が出ません。またフルマラソンほど長くなくても、自分の目標とするタイムを出すには、それに見合った練習

が必要です。十分な練習をしなくてもその日の体調が極端によい場合、ある程度の結果が出ることもあります。でもそうした結果は偶然出たようなものなので、次も同じような記録が出せるとは限りません。**長距離走というのは、きちんとしたトレーニングの裏づけの元に結果が出る競技**だと思います。

　コンディション作りに関しては、あまり気にしすぎると神経質になって、そればかりに目がいってしまうことがあります。だから基本的には**自然体を重視して、普段の生活を長距離走者の生活スタイルに変えていく**のがポイントです。

　例えば食事に関していえば、レースの前になったから急に変えるのではなく、普段の生活から見直していくことが大切です。常に意識することで、本当に狙った試合の前になると、自然とお酒を控えようかなと思ったり、食事もきちんと摂ろうという意識が働くものです。**コンディション作りに関しては、あまり考えすぎないようにすることが重要です。**

力を合わせて走ることが駅伝の一番の魅力

　駅伝はチーム競技ですから、自分が全然走れなくて大ブレーキを起こしても、他の選手がカバーしてくれて入賞や優勝することもあります。反対にうまく走れない選手を自分がカバーして入賞や優勝につなげていくこともあります。長距離走というのは個人競技ですから基本的に自分の走りだけに集中していればいいのですが、**駅伝にはお互いを助け合って走るという楽しさがあります。**それが駅伝の一番の魅力だと思いますね。

　反対に駅伝の怖さというのは、例えば10人で走るレースで、10人全員がレース当日に調子が合うっていうことは、まずないと思っていたほうがいいということです。中には体調がそぐわない選手が1人2人必ずいる状態で、試合を戦わなければならないのです。大事なことは、**その調子を落としている選手が、最低限のところで悪いなりにまとめる**ということです。そうすれば大きなブレーキにはならないし、タスキがつながれば、他の選手がカバーしてくれることだってあります。

　駅伝の戦略は、基本的には先手必勝です。やはり前の方にいた方がいい流れができるので、監督としても先手でいきたいというのがあります。また選手にとっても、前の方で走ったほうが気分もいいですし、いい走りができていると考えます。だから箱根駅伝のような山登りとか山くだりのような特殊区間があるレースではそれなりに適応できる選手を使いますが、レース前半にいい選手を並べるというのが、駅伝ではセオリーです。

　走り始めたら誰も助けてはくれませんが、信頼関係があれば大きな力になるし、安心して走れます。自分の後の区間の選手が、頑張って走ってくれると思えば、自分は自分の仕事だけをきっちりやればいいと集中することができます。そうすれば、調子があまりよくなくても大きくブレーキすることもありません。反対に他の選手が信用できないと、自分がやらなければ!という気持ちになってしまい、負担が大きくなってブレーキしてしまうこともあります。**選手全員が他の選手を信じたうえで、自分の区間をきちんと走ればいいんだ、という気持ちができる**というのが一番の理想ですね。

駅伝のような長い距離のレースではごまかしがききません。だから体調の悪い選手がいるのなら、チームの監督はそれを見抜いて外してあげるのが一番です。

しかし、その選手を使わなければならないような状況であったら、その選手は自分の体調が悪い中で、いかにまとめられるかというのが大事になってきます。普段の練習でも体調がよい日もあれば、悪い日もあります。だから**体調が悪い日でも悪いなりにまとめられるような練習をしておけば、本番でも最低限の仕事ができるのだ**と思います。

練習だけが自分を支える力となる

レースでは走り出してしまったら、誰も支えてくれないし助けに来てもくれないのですが、一つだけ支えがあるとしたら、

トレーニングの裏づけの元に
記録は伸びる

自分がやってきたことなんです。これだけやってきたんだから負けるわけがない、という気持ちです。絶対に相手よりも練習をしてきたんだっていうことが、支えになるわけです。だから**本当に苦しくなったときは、相手も絶対苦しいんだと自分に言い聞かせるのが一番**だと思います。そのレースに向けて積んできた練習ややってきたことは、すごく苦しい場面では支えになります。私はメンタルトレーニングを、専門的にやったことはありませんが、そういうメンタルの鍛え方は自分でしていたような感じがします。

長距離走というのは、それまでやってきたことがすべて試合に出るし、やってこなかったことが偶然に出ることはまずない競技だと思います。最近ではランニングがブームになって華やかなイメージもしますが、実際は苦しいことの方がずっと多い競技なんです。

マラソンでもゴールだけ見ると楽しそうに見えますが、それまでの42㎞は、苦しい思いをしなければならない。だからこそ、**結果が出たときは本当に嬉しいし、やってきたことが報われて、また頑張ろうという気持ちになる**のだと思います。

理想のフォームを身につける

POINT 01

理想のフォームなら楽に長く走り続けられる

理想的なフォームをマスターすることで楽に長く走ることができる。

CHECK POINT!

1. 理想的なフォームは楽に長く走り続けられる
2. 理想的なフォームは故障しにくい
3. 走るために必要な筋肉をアップさせる

疲れにくい理想のフォームを身に付ける

歩き方が人それぞれ違うように、ランニングフォームも身長や骨格、筋肉のつき方によって違う。しかし**人それぞれで違っているように見えるフォームにも、理想的な形はあって、それはその人にとって楽に長く走り続けられるフォーム**といえるだろう。

理想的なフォームをマスターすることができれば、疲れにくくなってレース後半にスピードが落ちにくくなり記録を狙える。また体に余計な負担がかからないため、故障しにくくなるというメリットもある。しかし自分がイメージしているフォームと実際のフォームが違っていることも多い。フォームをチェックする際は、チームメイトやコーチに見てもらうといいだろう。

チームメイトに見てもらってもよい

コツ① 理想的なフォームは楽に長く走り続けられる

長時間走り続ける長距離走では、いかに楽な状態で長く走り続けられるかがポイントになる。その際に重要になるのがフォームだ。理想的なフォームを身に付けるには、練習の中で、悪いところを少しずつ直していくイメージで行う。

フォームが悪いとケガをしやすい

コツ② 正しいフォームは故障しにくい

フォームが悪いとすぐに疲れてしまうし、当然レースでの記録も伸びにくくなる。そればかりか体の一部分に余計な負担がかかってしまい故障につながることもある。反対に理想的なフォームでの走りは、体の負担が少なく、故障を防ぐことが可能だ。

コツ③ 走るために必要な筋肉をアップさせる

走るための筋肉は走ることでつけたほうが効率的だ。理想的なフォームは、体に余計な負担がかかっていない状態で、前に進む際に用いられる筋肉だけを効率よく使うことになる。そのため走れば走るだけ、必要な筋肉がアップするメリットがある。

プラス+1 トップランナーのフォームは違う？

トップクラスの選手のフォームは、歩幅や腕の振りなどバラバラに見えるかもしれない。たしかにフォームは、身長や骨格、筋肉のつき方によって変わる。しかしヒジを後ろに引く、股関節を使って走っているなどの基本的な動きは変わらない。誰もが理にかなったフォームなのだ。

POINT 02

フォームの一連の動きをチェックする

目線を前に向けて背筋を伸ばし、カカトから着地をする。腕はヒジを後ろに引く感覚で振る。

CHECK POINT!

1. カカトから着地し前足部へ移行
2. ヒジを後ろに引いて腕を前後に振る
3. 上半身をやや前傾させる

疲れにくい理想のフォームを身に付けよう

ここでは一連の動きから、理想的なフォームのポイントを確認する。ポイントはいくつかあるが、**カカトから着地をしたら前足部へ移行する、ヒジを後ろに引いて腕を前後に振る、背筋を伸ばした状態で上半身をやや前傾させるの3点**は、ここでしっかりと押さえておきたい。

フォームは疲れると崩れてくる。例えばレース後半に目線が下がる人は、目線が下がると同時に背中も丸まり、連動するように歩幅が狭くなって、どんどんフォームが崩れていく。そのため目線が下がってきたな、と思ったら意識的に目線を遠くに向けて、背筋をピンと伸ばすなど、レース中でもフォームを修正できるチェックポイントを自分なりに作っておくとよい。

SIDE

肩の関節をやわらかく使って腕を振り、上半身は正面を前に向けたままキープする。

上半身をやや前傾させた姿勢で、ヒジを後ろに引くことを意識して腕を前後に振る。

目線はまっすぐ前に向けて、ツマ先を進行方向に向けてカカトから着地したら前足部へ移行。

FRONT

手はぎゅっと握らずに軽く握る。背筋を伸ばして上半身をやや前傾させる。

ツマ先を進行方向にまっすぐに向ける。着地してもツマ先の方向はぶれない。

頭のてっぺんからカカトまで、一本の軸が通るように真っ直ぐの姿勢をキープ。

POINT 03

背筋を伸ばしてまっすぐ立つ

FRONT

アゴを引いて肩を後ろに軽く引く。すると背筋がまっすぐに伸びて胸を自然とはる姿勢になる。

SIDE

下腹を引っ込める

CHECK POINT!
❶ アゴを引き肩を後ろに引いて胸を張る
❷ 肩甲骨を背中の中心に寄せる意識を持つ
❸ 頭のてっぺんからカカトまで一本の軸を通す

立つことは走ることにつながる基本動作

走り始める前にまずはまっすぐに立ってみる。立つという動作から骨盤を使って、交互に足を踏み出すことを繰り返すと歩くことになる。また腰を前方に乗せるように前傾すれば走ることになる。つまり**立つことは、走ることにつながる基本の動作**なのだ。

姿勢をよくしようと意識すると、上半身が力んで後ろに反り気味になったり、肩があがってしまう。これでは余計な力が入り逆効果。正しい姿勢は、リラックスしてアゴを引き、肩を後ろに軽く引く。すると胸が自然と開いて背筋が伸びた状態になり、背中のラインが理想的なS字を描く。これが体に無理な力がかからない、長時間続けても疲れにくい姿勢だ。

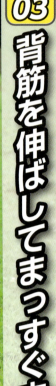

コツ① アゴを引き肩を後ろに引いて胸を張る

正しい姿勢は、アゴを引きぎみにして目線をまっすぐ前に向ける。このとき肩を後ろに引いて自然に胸を張るようにすると、背筋が伸びて背中が理想的なS字のカーブを描く。カカトの真上に頭が来るように意識すると、地面に対してまっすぐに立つことができる。

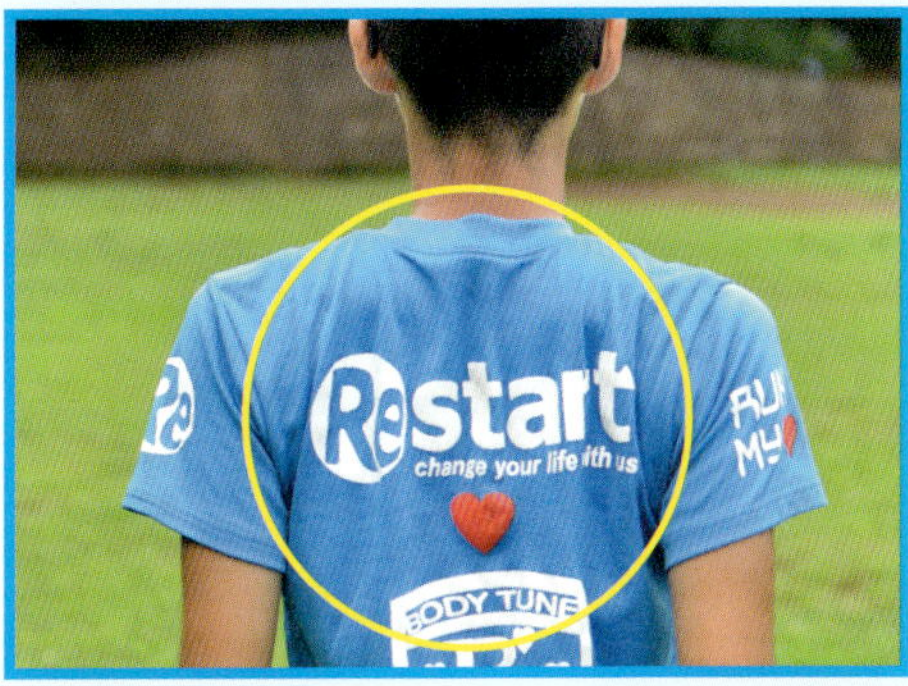

コツ② 肩甲骨を背中の中心に寄せる意識を持つ

肩を引いて胸を張り気味にすると、肩甲骨が背中の中心に寄る。走る際はこの状態をキープしたまま、ヒジを後ろに引くことを意識して、腕を前後に振る。疲れてくると背中が丸まりがちになり、同時に肩甲骨の間が開いてくるので注意が必要だ。

コツ③ 頭のてっぺんからカカトまで一本の軸を通す

カカトから頭のてっぺんまで、一本の真っ直ぐな軸を通すことを意識して、その状態をキープすると理想的な姿勢になる。真っ直ぐにバランスよく立つには、背筋を伸ばして、重心をカカトではなく親指の付け根にある拇指球に乗せるようにしてみるとよい。

プラス+1 肩があがる、後ろにのけぞるのはNG

肩があがってしまうと余計な力を使ってしまい疲れるだけでなく、腕振りも小さくなる。また後ろにのけぞる姿勢は重心が後ろにかかる。すると体に負担がかかるだけでなく、前への推進力が後ろに逃げてしまいスピードがあがらない。

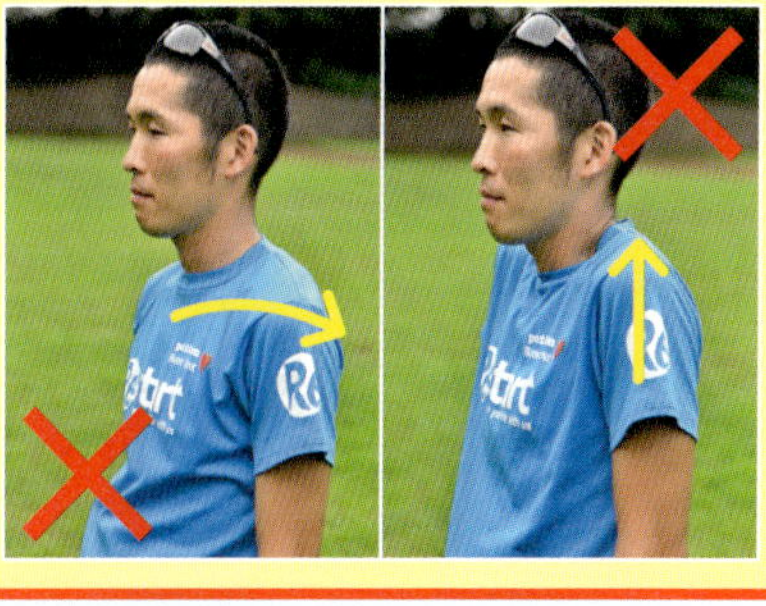

POINT 04

理想のフォームを身につける

骨盤と腕振りの連動の感覚をつかむ

CHECK POINT!

1. カカトを上下させて骨盤を動かす
2. 前に踏み出して骨盤の動きを意識する
3. 骨盤の動きと腕の振りを連動させる

骨盤をしっかりと動かすことで、ロスの少ない無駄のないフォームで走ることができる。

骨盤を動かして ロスなく体を前進させる

人は歩いているときは足を平行に踏み出すので足の運びは2本線になるが、スピードがあがって走る動作になると、足の運びは一直線に近くなる。左右の足が開かずに、常に体の真下で着地をすると地面からの反発を利用できてロスなく体を前に運ぶことができ、スピードに乗ることができるのだ。

体の真下で着地をして一直線上を走るためには、腰をスムーズに回転させる必要がある。その際にポイントになるのが、骨盤の動きだ。この骨盤を大きく動かすと腰の回転がスムーズになり、足を体の真下に着地できる。その際、意識したいのが腕の振りとの連動。**腕の振りと骨盤の動きを連動させれば、上半身と下半身がスムーズに動き、ロスなく体を前に運ぶことができる。**

片足のカカトを下ろす
ツマ先立ちになる

コツ❶ カカトを上下させて骨盤を動かす

まずは骨盤を動かすことから始めてみる。肩幅に両足を開いてツマ先立ちになる。その状態から片方の足のカカトを下げる。次に反対のカカトを下げると同時に、下げていたカカトをあげる。この動きをリズミカルに繰り返せば、骨盤の動きを感じることができる。

大きく一歩前へ

コツ❷ 前に踏み出して骨盤の動きを意識する

骨盤の動きを意識できたら、次は大きく骨盤を動かしてみる。肩幅に両足を開いて立ちツマ先は前に向ける。その状態から足を一歩前に大きく踏み出してみる。このとき後ろの足は元の位置から動かさないこと。腰がひねられて、骨盤が大きく動いたことが分かるはずだ。

コツ❸ 骨盤の動きと腕の振りを連動させる

走っているとき、理想的なフォームでは、骨盤の動きと腕振りの動きは自然と連動する。その感覚をつかむために、その場で腕を振りながら骨盤を動かしてみる。右腕が前に出たときに、骨盤の左側が前に出て、反対に左腕が前に出ると、骨盤の右側が前に出る。

プラス+1 骨盤が前後に動かない

骨盤が動かないと、写真のように腰から下がまったく動かない。この状態で走ると、上半身の動きと下半身の動きがバラバラになって連動しないので、スピードが出ないばかりか、ロスの大きいフォームになってしまい記録が伸びない。

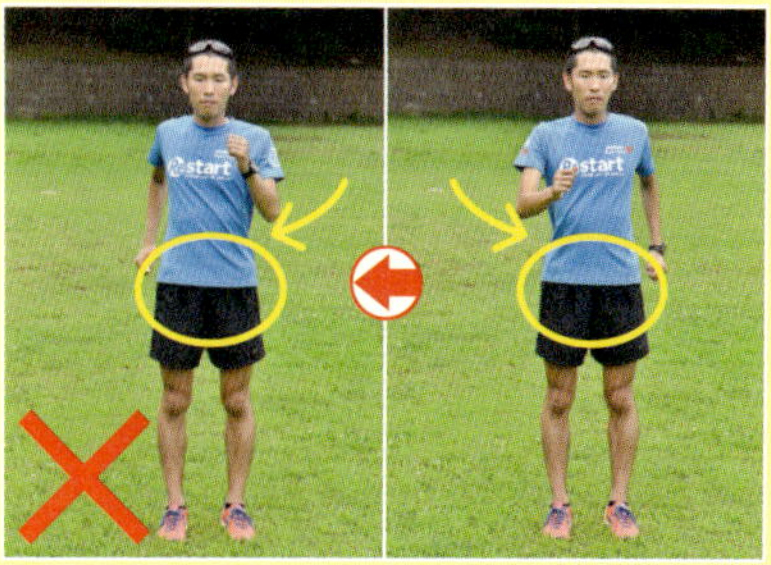

理想のフォームを身につける

POINT 05

ヒジを後ろに引いて腕を前後に振る

ヒジを後ろに引いた反動で、自然と前に腕が出るのが理想の形。

CHECK POINT!

1. 腕を伸ばして前後に振る
2. ヒジを軽く曲げて後ろに引くことを意識する
3. 卵を握っているように手は柔らかく握る

腕を前後にバランスよく振って走る

力をロスすることなく体を前に動かすには、腕振りは重要な要素となる。トップランナーのフォームを見ても分かるように、腕振りはランナーによって様々だ。しかしもちろん、腕振りにも基本があり、それはわきを適度に開いてヒジを後ろに引き、その反動で自然に腕が前に出る振り方。

ここでは腕振りのポイントを押さえつつ、自分なりのフォームを見つけていくことを目的とする。

肩まわりの関節が柔らかいと、腕がよく振れるフォームになる。しかし実はトップランナーの中には体が固い人も多い。**柔軟性が高いことよりも必要な関節をしっかりと使って走ることのほうが重要**なのだ。

コツ❶ 腕を伸ばして前後に振る

まずは腕を伸ばした状態で、大きく腕を前後に振ってみる。背筋を伸ばして目線を前に向けて、やや胸を張るのは理想的なフォームのときと同じ。その状態で両腕を肩の高さくらいまで大きく振る。このとき骨盤が、腕の振りと自然に連動するとなおベターだ。

コツ❷ ヒジを軽く曲げて後ろに引くことを意識する

コツ1で腕を大きく振る感覚をつかんだら、次はヒジを軽く曲げて振る。腕の振り方は、体幹の強さによって人それぞれ異なるが、ヒジを後ろに引くことは共通している。ヒジを後ろに引くことを意識して、その反動で自然に前に出るようにするとスムーズな腕振りに。

コツ❸ 卵を握っているように手は柔らかく握る

手をぎゅっと固く握ると、肩などによけいな力が入る。すると肩が前後左右に大きく動くようなロスの大きなフォームになってしまう。肩の筋肉をリラックスさせてスムーズに腕を振るためには、手は柔らかく、卵を握っているような感覚で握るとよい。

プラス+1 ヒジを後ろに引いて腕を振るための練習

二人一組になって腕振りの感覚を養う練習。前の人は足を肩幅に開き、目線を前に向け背筋を伸ばして腕を振る。また、後ろの人が胸の前で構えた両手に軽くあてるつもりで、ヒジを真後ろに引くように腕を前後に振る。

POINT 06

理想のフォームを身につける

カカトから着地をして拇指球で蹴る

SIDE
FRONT
ツマ先を進行方向に向けて、カカトから着地をすると衝撃をやわらげることができる。

CHECK POINT!

1. 着地をしたらすばやくフラットな状態にする
2. 地面の反発を利用して蹴り出す
3. 親指の付け根の拇指球を意識する

楽に長く走り続けるための理想の着地をマスターする

長距離走で楽に長く走り続けるためには、フラットに近いカカトからの着地が基本になる。走るときの着地の衝撃は一般に体重の3倍になるといわれているため、全力疾走をする短距離走のようにツマ先から着地をすると、長距離走の場合、足の筋肉に大きな負担がかかりケガの原因になることもあるからだ。しかしカカトから着地するといっても、ツマ先をあげすぎると前への動きにブレーキがかかり、スピードが出にくくなってしまうため注意が必要だ。

理想的な着地は、**ツマ先を進行方向に向けて、カカトから地面に接する。そこからすばやく足をフラットな状態にして、地面からの反発を利用して蹴り出す。**着地の動きがスムーズにできるようになれば、力をロスすることなく体は前に運ばれていく。

コツ❶ 着地をしたらすばやくフラットな状態にする

ツマ先を進行方向にまっすぐに向けて、カカトから着地をする。カカトをあげすぎると、前に進む動きにブレーキがかかってしまうので注意する。カカトから着地をした後は、足裏全体で地面をキャッチするように、すばやく足をフラットな状態にする。

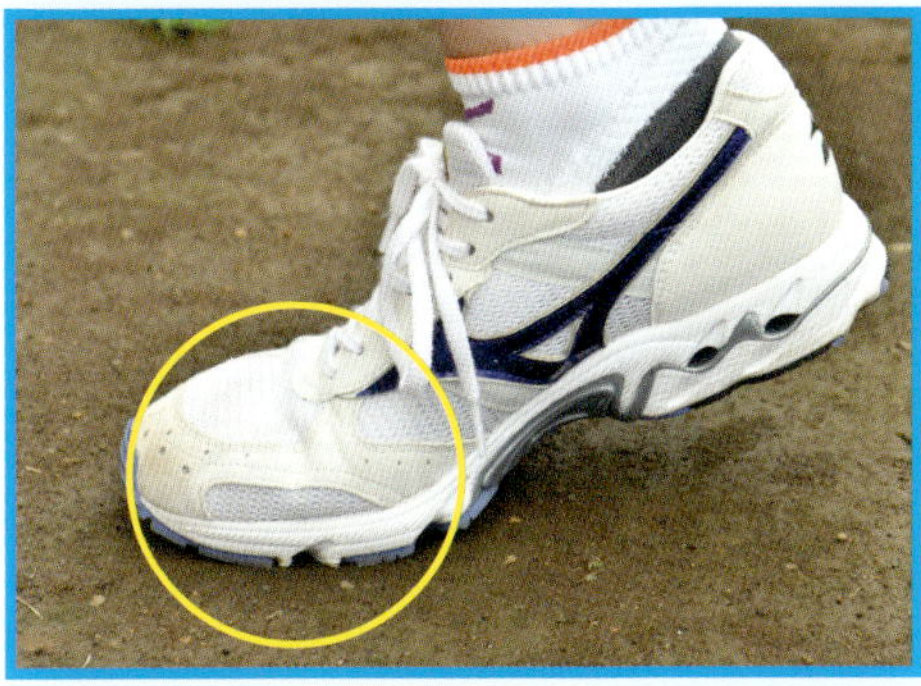

コツ❷ 地面の反発を利用して蹴り出す

足先をしっかりと進行方向に向けたまま、左右にぶれないように注意をする。足裏全体で地面をキャッチしたら、その反発を利用して、親指の付け根にある拇指球で地面を蹴り出す。この一連の動きをスムーズに行うことで、ロスなく体を前に移動させることができる。

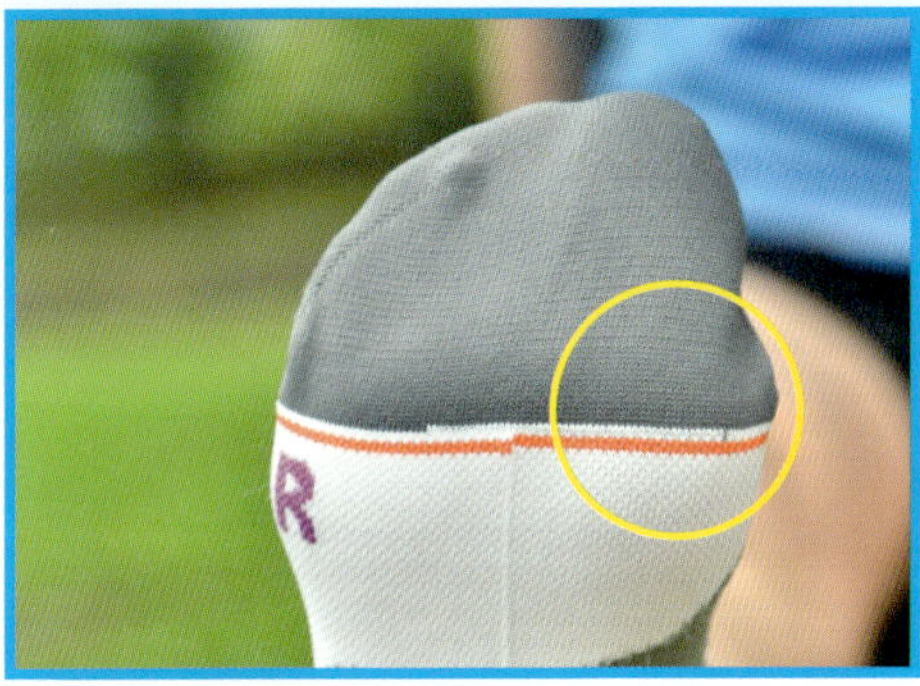

コツ❸ 親指の付け根の拇指球を意識する

まっすぐに立ち足の親指の付け根の拇指球と呼ばれるところに重心を乗せると、左右のブレが少なくなり体が安定するのが分かるはずだ。走るときも同じで、着地後に地面を蹴り出す際、拇指球を意識すると、無駄な力を使わずに走ることができフォームの安定につながる。

プラス+1 地面からの反発を意識する練習

楽に長く走り続けるには、地面からの反発を利用することが大切。その感覚をつかむために、体の力を抜きリラックスした状態で、カカトを浮かせて、トントントンとリズミカルにジャンプを繰り返す。拇指球で地面からの反発を感じることがポイント。

POINT 07

理想のフォームを身につける

2つのフォームの特徴をつかむ

CHECK POINT!

1. ピッチ走法は歩幅が小さく足の回転が速くなる
2. ストライド走法は足を強く蹴りだし歩幅が大きくなる
3. ストライド走法は、より筋力を必要とする走法

ピッチ走法とストライド走法の特徴

フォームには、大きく分けてピッチ走法とストライド走法の2種類がある。ピッチ走法は、歩幅を狭くして足の回転を速くする走法。歩幅を狭めることで一歩一歩の足への負担が、ストライド走法に比べて軽くなり、足の回転スピードに変化をつけやすい。そのため、走行中でもペースアップやペースダウンがしやすい走り方だ。

ストライド走法は、歩幅が広く股関節が大きく動き、スピードに乗りやすい。しかし、歩幅を広くするには、一歩を蹴り出す力をより強くする必要があり、着地の際の衝撃も大きくなる。理想的な走り方は筋力や体の柔軟性によっても異なる。**練習の中で自分に合った歩幅を見つけ、走りやすい走法を見つけることが重要だ。**

ピッチ走法　歩幅を狭くして足の回転を速くする。スピードの変化が比較的つけやすい。

着地の衝撃が少ないため、一歩一歩の負担は軽くなる。

腕を前後に速く振り、テンポよく走る。

ピッチ走法は歩幅を小さくして、足の回転を速くする。

ストライド走法　歩幅が広いダイナミックな走法。ピッチ走法よりも蹴り出す力が必要。

着地の際の衝撃はピッチ走法よりも大きくなる。そのため筋力を必要とする走法だ。

腕を大きく前後に振り、ダイナミックに走る。

足を強く蹴りだして、一歩の歩幅を大きくする。

POINT 08

理想のフォームを身につける

フォーム作りのためのエクササイズ①

後ろに振った腕を勢いをつけて前に持ち上げ、頭の上に。背中を伸ばして大きく背伸びをする。

足をそろえて立ち、腕を前から後ろに軽く振る。ヒザをやわらかく保ち目線はまっすぐ前に向ける。

エクササイズでフォームを作りやすくする

ここで紹介するエクササイズは、フォームを作るうえで重要となる筋肉や、股関節、ヒザなどの関節に働きかけて、走る時に使う関節の動きをよくさせるもの。**エクササイズを行うことで姿勢や腰の位置、歩幅、腕振りなど、理想的なフォームが作りやすくなる**だけでなく、走るだけではなかなか意識できず強化しづらい部分をアップさせることも可能。また時間がないときにトレーニング前に行えば、ウォーミングアップにもかねるので、効率よく時間を使うことにつながる。

紹介するエクササイズは、順番通りに行うことで、走るための筋肉と関節を一通り動かせるようになっている。積極的に毎日のトレーニングの前にアップ練習として取り入れていって欲しい。

背伸びして一歩前に

足をそろえて立ち、ヒザをやわらかく保つ。肩の力を抜いて、腕を前から後ろに振る。

後ろに振った腕を勢いをつけて頭の上まで持ち上げる。ツマ先立ちになって伸びをする

前傾姿勢になり重心を前に移動して、足を一歩前に踏み出す。以後繰り返して前に進む。

モモ上げ

拇指球に体重を乗せ、右腕を前に振ると同時に左足のヒザを高くあげて、ひきつける。

高くあげた左足を戻す。動作中は伸ばした背筋をまっすぐにキープする。

以後リズミカルに左右の足のヒザを交互に引き上げて前に進む。背筋はまっすぐにキープする。

理想のフォームを身につける

フォーム作りのためのエクササイズ②

カカトあげタッチ

同様に手に触れるくらいまで左足のカカトを引き上げる。以後、足を交互に引き上げる。

まっすぐに立ち両手を尻の後ろにあてる。その手に触れるように右足のカカトを引き上げる。

トゥータッチ

左足を前に大きくあげてツマ先を右手でさわる。無理なら近づけるだけでもOK。左右で繰返す。

背筋を伸ばして、左腕を横に振ってバランスを取り、左足をあげる準備をする。

背筋を伸ばし、右足を少し後ろにさげ、両腕をやや広げてバランスを取る。

少し後ろにさげていた右足を、股関節を開くようにして後ろから前に回す。

右足を着地をさせたら、同様に左足の股関節も大きく動かすように後ろから前に回す。

肩甲骨のトレーニング

手の先を肩に乗せ、肩甲骨を寄せるようにして両肩を回す。前から後ろ、後ろから前へどちらも回す。

背筋を伸ばしてカカトを地面につけたまま、腕を伸ばして交互に上下させる。

両腕を曲げてヒジを後ろに引くように肩甲骨を寄せる。その状態から、ヒジを下げる。

POINT 10

理想のフォームを身につける

ノルディックウォーキングでフォームを作る

ポールを足の間について、後方に押し出すようにして歩く。腰高の姿勢をキープして歩こう。

CHECK POINT!

1. 胸を張り肩甲骨を寄せる意識を持つ
2. ポールを後ろに押し出す
3. ポールを体の前についてはダメ

全身をバランスよく鍛えられる ノルディックウォーキング

2本のポールを交互に突いて、クロスカントリースキーのように歩くノルディックウォーキングは、フィンランド発祥のエクササイズ。**ポールを持って歩くことで全身をバランスよく鍛えられるメリットがあるだけでなく、胸を張る姿勢や、肩甲骨を寄せる動きはフォーム作りにも役立つ。**また、両足と2本のポールの4点で体を支えるので、腰やヒジなどの関節への負担が軽減される。故障明けの長距離走者のトレーニングとしても最適だ。

ノルディックウォーキングのポイントは、スピードはあまり気にせずに、ポールを両足の間につくようにして、しっかりと後ろに押し出すようにすること。そうすることで、体が起きあがって歩幅が広くなる。

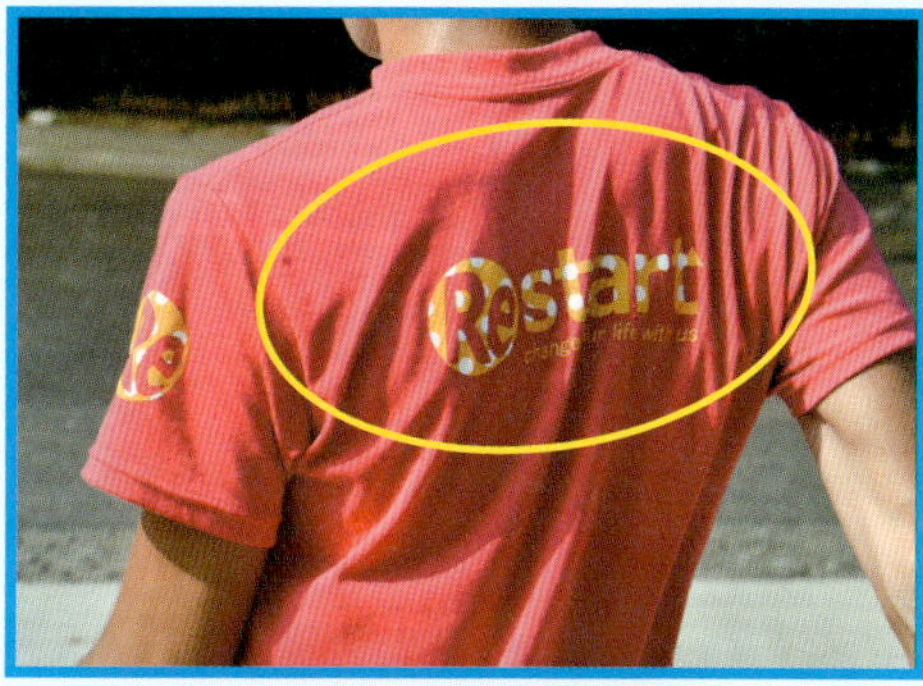

コツ❶ 胸を張り肩甲骨を寄せる意識を持つ

胸を張って肩甲骨を寄せる動きは、長距離走の理想のフォームと共通する。ポールを持って歩くだけで胸を張った自然な姿勢を取れるだけでなく、腰や肩を柔軟に使ったフォームの練習もできる。腰高のフォームの感覚をつかむには最適。

コツ❷ ポールを後ろに押し出す

ノルディックウォーキングのポイントは、斜め後ろにポールを押し出すようにすること。そうすることで体が起きあがって、胸を張る姿勢がとりやすくなる。また前への推進力がついて歩幅が広くなり、スピードをあまり気にしなくてもスムーズに進むことができる。

コツ❸ ポールを体の前についてはダメ

ポールを足の間ではなくて体の前でついてしまうと、ポールを後ろに押し出して歩くことができなくなる。すると重心が後ろ寄りになって腰が落ち、歩幅が狭くなってスピードもあがらない。つまりポールを使うメリットをまったく活かすことができないのだ。

プラス+1 ポールの長さを調節する

ノルディックウォーキングは2本の専用ポールを用意するだけで手軽にでき、力の入れ具合で運動量を調節することもできる。ポールの長さは体の横に垂直に立てた時に、ストラップの付け根がへその位置にくるのがベストだ。

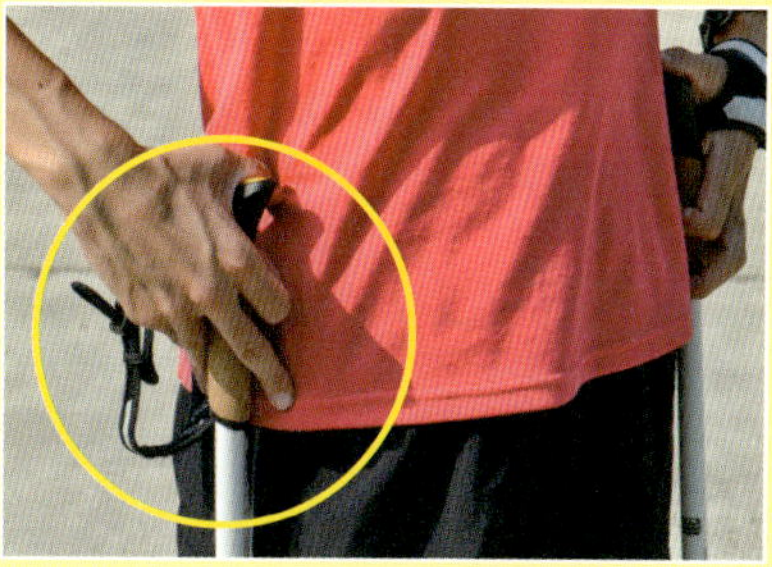

POINT 11

フォームチェック①

背中が丸まり腰が落ちる

腰が落ちているため足があまりあがらない。歩幅も小さくなり、連動して腕も大きく振れなくなる。

目線が下に向いているため背中が丸まってしまう。全体的にフォームが小さくなり体を十分に使えない。

プラス+1 フォーム全体が小さくなる

腰が落ちたフォームは足があがりづらくなり、上半身や下半身の筋肉に余計な負担がかかる。そのため長く続けるとケガや故障の原因になることも。また重心が後ろに傾くため歩幅が狭くなり、フォームが全体的に小さくなって、スピードに乗って走ることができない。

腰の位置が低いフォームは、歩幅が小さくなりスピードに乗ることができないばかりか、足の筋肉や腰に余計な負担がかかる。

背中が丸まり腕が振れなくなるのは、疲労の蓄積も原因の一つ。腰高のフォームを常に意識する。

プラス+1 前方の走者を見る

腰が落ちてしまう原因は、もとのフォームが崩れていることのほかに、疲労の蓄積でフォームを保てなくなることにもある。レースで目線が下がってきたら、疲れてきている証拠。意識的に前方にいる走者を見るなどすると腰高のフォームを維持できる。

POINT 12

フォームチェック②

腕を振るとき肩も一緒に動く

足を踏み出す度に両肩も一緒に前後に動くフォームは、ロスが大きい無駄が多いフォーム。

左足を踏み込んだときに、右肩も同時に前に出てしまっている。肩の位置が安定していない。

プラス+1 連動しないフォーム

踏み込むたびに肩が前後に動いてしまうと、上半身に余計な力が入ってしまいスタミナをロスしやすい。また腕を横に振ってしまうことにもつながる。腕振りのバランスが悪いと、上半身と下半身が連動しないので、スピードがあがりづらくなってしまい記録が伸びない。

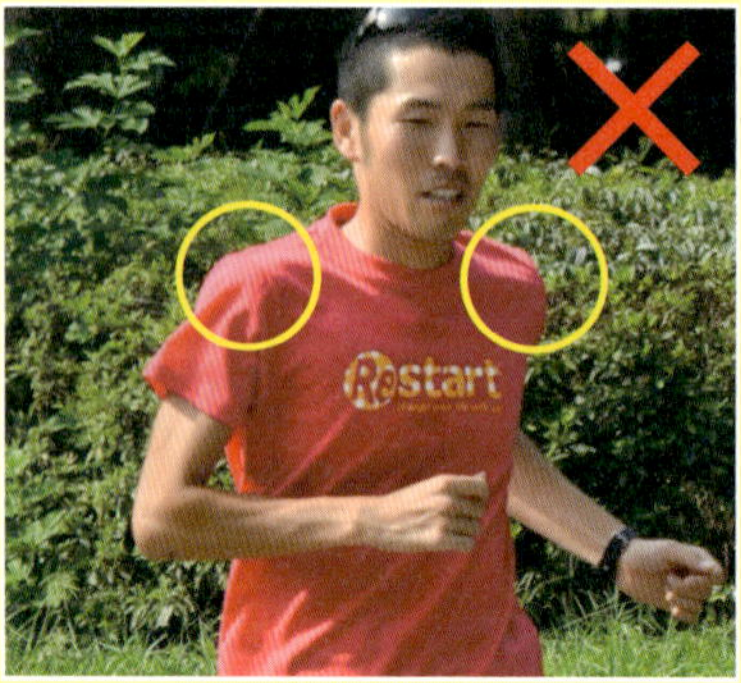

腕の振りのバランスが悪いと、前に進む動きにストップがかかりスピードがあがりづらい記録が伸びにくいフォームだ。

肩の位置が安定せずに前後に動いてしまうと、腕を横に振ってしまうフォームになりがち。

プラス+1 肩の位置は一定にキープ

理想的なフォームは、上半身をやや前傾させて背筋を伸ばす。肩の位置は一定にキープすることがポイント。肩の関節をやわらかく使って、肩甲骨を真ん中に寄せるようにして前後に腕を振る。ヒジを後ろに引くようにしてみる。そうすることでスピードをキープしやすくなる。

POINT 13

フォームチェック③

体が後ろに傾きアゴがあがる

ヒジを後ろに引きにくいため、腕を体の前で振ることになり、肩や足だけで前に進もうとする。

体が後ろに傾いているため、腰が落ちてしまう悪いフォームに。これではスピードがあがらない。

プラス+1 反り返るとスピードが落ちる

上半身が後ろに反り返ると、体の重心が後ろ寄りになって、前に進もうとする力にストップがかかりスピードが落ちる原因になる。またヒジを後ろに振りづらくなるため、腕振りが窮屈になり、肩や足だけで前に進もうとするため、体に余計な負担がかかってしまう。

腕振りがスムーズにできなくなるため、ストライドも狭くなり、スピードがあがりにくい。レース後半にペースを落とす原因になる。

後ろに反り返るフォームでは、アゴもあがってしまいがち。呼吸もしづらくスタミナを消耗する。

プラス+1 ウォーキングで軸を意識する

適度に体を前傾させて走るには、まずまっすぐに立ち、その姿勢をキープしてウォーキングをすることから始めてみる。そこから徐々にスピードをあげて走る動きに移ると、体の軸が意識しやすくなり、自然と上半身が前傾する姿勢で走ることができる。

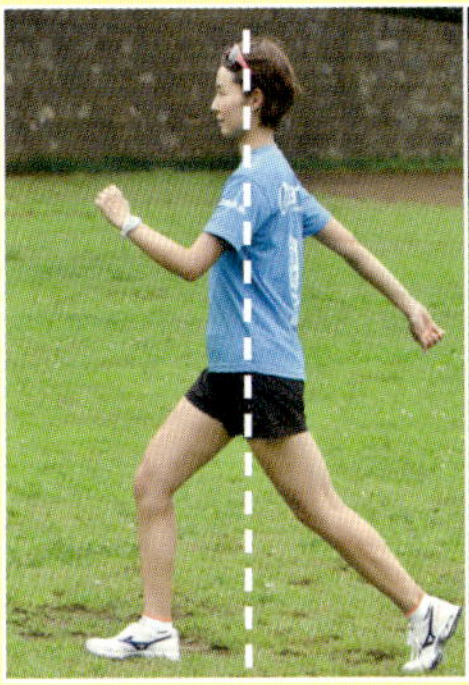

COLUMN 長距離走の春・夏のアイテム

サンバイザー・キャップ

強い日差しや風から頭部を守るサンバイザー・キャップは夏の必需品。

サングラス

夏の強い日差しや地面からの照り返し、風や雨から目を守ってくれる。

半袖のTシャツ

薄手で速乾性のものだと汗をかいてもサラサラな状態が保つことができる。

ランニングウォッチ

ラップタイムや走行時間を測るだけでなく、心拍数を測る機能がついたものも市販されている。

ショートパンツ

夏は風通しのよく涼しいショート丈のパンツがおすすめ。

シューズ・ソックス

シューズは目的やレベルに合わせたものを選ぶ。ソックスは普通のものでなく、陸上競技用がおすすめ。

長距離走は特別なアイテムをあまり必要としない競技。しかし安全にトレーニングを行うにはシューズなどの選択は慎重に行うこと。春・夏は日差しが強くなり気温が上昇する季節。涼しく快適に走るにはウェアは半袖とショートパンツが基本だ。また強い日差しをやわらげるには、サングラスとキャップは必需品。

PART2

団体競技の駅伝を楽しむ

POINT 14

団体競技の駅伝を楽しむ

チームで戦う駅伝の魅力とは

駅伝ではタスキを受けわたしながら、チームでゴールを目指して走る。

CHECK POINT!

1. 駅伝は日本で生まれた長距離走の競技
2. 駅伝はチームで走る団体競技
3. 持ちタイムの足し算だけでは勝てない

個人種目では味わえない団体競技の魅力

駅伝は日本で生まれた競技で、80年以上の歴史を持つ。現在は「EKIDEN」として、国際大会も開催されるほどの人気競技として定着している。駅伝では、タスキを引き継ぎながらリレー形式で走るため、個人のレースとは違い、「自分の走りで、順位が変わるかも知れない」というプレッシャーと責任の重さを感じながら走る。しかしだからこそ、期待通りの結果が出たときは、**自分だけでなくチームでその喜びを感じることができる。**そこに個人種目ではなかなか味わえない駅伝の魅力があるといえる。

駅伝では、単純に速い選手が集まれば強いチームができるわけではない。レースに勝つには、チームの信頼関係やよい流れを作る戦術や駆け引きが必要になる。

コツ① 駅伝は日本で生まれた長距離走の競技

駅伝は「駅伝競走」の略で、数人でチームを作り長距離をリレー形式で走ってタイムを競う競技。80年前に日本ではじまり、現在では国際大会も開催されるほどの人気がある。駅伝では、前の走者から託されたタスキを次の走者に渡してゴールを目指す。

コツ② 駅伝はチームで走る団体競技

長距離走は基本的に個人で戦う競技。しかし駅伝では、個人競技である長距離をチームで走る。そこに駅伝のその面白さがある。コースは区間によって長短や高低差が異なるため、どの区間を誰が走るか、また走る順番はどうするかなど戦術や駆け引きも楽しめる。

駅伝はタイムだけでは勝てない

コツ③ 持ちタイムの足し算だけでは勝てない

野球では、四番打者をずらりと並べたチームがいつも勝てるとは限らない。駅伝でもそれは同じで、選手のベスト記録を単純に足してもっともよいタイムのチームがいつも勝てるとは限らない。それが駅伝の難しさであり、チーム競技としての面白さといえる。

プラス+1 日本全国で開催される駅伝の大会

高校生は毎年12月に開催される全国高等学校駅伝競走大会、大学生は箱根駅伝、出雲駅伝、全日本大学駅伝の三大駅伝とよばれる大会がある。実業団ではニューイヤー駅伝とよばれる全日本実業団対抗駅伝大会が有名。そのほか市民ランナーの大会も多く開催されている。

POINT 15

目的にあった練習を重ねる

練習で走った距離は、そのままレースでの支えになる。充実した練習を重ねよう。

CHECK POINT!

1. 求められる要素に焦点を合わせて練習する
2. 自分の練習に打ち込むのは個人種目と同じ
3. 実際のレースを想定して練習をする

レースにつながる目的を持った練習を重ねる

駅伝はチームで走る団体競技だが、練習は個人競技とさして変わるわけではない。ただ**レースで必要とされるスピードとバランスは、走るコースの距離や特徴によって異なる。そのため、求められるスピードとスタミナの割合を考えて、目的に合った練習を積むことがポイントになる。**自分の課題を見つけて練習に打ちこみ、実力を養おう。

長距離走は練習でやってきたことはレースに出るが、やってこなかったことが偶然に出るということほとんどない。それはアマチュアでも、オリンピック選手でも変わらない。レースで本当に苦しくなったときは、それまでやってきた練習だけが支えとなり力となるのだ。

スピードとスタミナのバランスが大事

コツ1 求められる要素に焦点を合わせて練習する

駅伝と他の種目では、長距離を走るという意味では共通点も多いのだが、実際レースで必要とされるスピードのバランスは種目により異なる。例えばマラソンと比べた場合、駅伝ではよりスピードが必要となるし、マラソンはよりスタミナを必要とする。

自分自身の練習を充実させる

コツ2 自分の練習に打ち込むのは個人種目と同じ

駅伝はチームで走るからといって、励まし合いながら練習することが、必ずしもよい結果につながるとは限らない。気持ちだけでは強いチームは育たない。他の人のことを心配する前にまず自分自身の練習に打ちこみ、実力を養うのが重要なのは個人種目と変わらない。

実戦を想定して練習する

コツ3 実際のレースを想定して練習をする

レースでよい走りをするには、実戦での走りを想定しながら、そのためには何が必要かを計算して練習メニューを組む必要がある。最後だけ追い込んで達成感を得るような、気持ちよく走るだけの練習は実戦にはつながらず、潜在能力を引き出すことはできない。

プラス+1 レースでは練習量がメンタルの支えになる

タスキを受けて走り始めたら、誰も支えてくれないし助けに来てくれない。それまで重ねてきた練習だけが心の支えとなる。絶対に相手よりも練習したという気持ちを持てるように、日々のトレーニングを充実させよう。

POINT 16

団体競技の駅伝を楽しむ

レースに勝つためのオーダーの組み方

よい流れに乗るために、駅伝では先手必勝が勝負のカギを握る。

CHECK POINT!

1. 駅伝のセオリーは先手必勝
2. 走者が実力を出しやすいレース展開に持ち込む
3. 悪いなりに走りをまとめてタスキをつなぐ

先手必勝で よい流れを作るのがカギ

駅伝はメンタルの影響が大きい種目なので、レースでは流れが大事であるといわれる。**よい流れに乗ったチームは、「一緒に練習してきた仲間が頑張っているのだから、自分も頑張ろう!」と、自分の実力通りかそれ以上の走りをすることがある。**しかし悪い流れに乗ってしまうと、焦ったり気負ったりして自分の走りができなかったり、モチベーションが上がらずに、実力を出し切れず終わってしまうこともある。

そのため駅伝でよい結果を残すには先手必勝がセオリーになる。前半に実力のある選手を走らせて、なるべくよい順位をキープする。そうして、後ろの走者が走りやすい状況を作っていけば、気分よくタスキをリレーしていくことができる。

先手必勝がセオリー

コツ1 駅伝のセオリーは先手必勝

駅伝では、よい流れに乗ったチームは実力以上の走りができるが、悪い流れに乗ってしまうと、実力を出し切れずに終わってしまうこともある。そのため前半に実力のある選手をオーダーして、なるべくよい順位をキープするのがポイント。先手必勝がセオリーだ。

前の方でレースに参加していた方がよい流れができる

コツ2 走者が実力を出しやすいレース展開に持ち込む

駅伝では前の方でレースに参加していた方がよい流れができるし、走っている選手も気分よく走ることができる。また早い段階で順位をキープできれば、後ろの選手もそのよい流れに乗っていこうと奮起する。そのため実力を出しやすくなるという好循環も生まれる。

調子が悪くても悪いなりにまとめる

コツ3 悪いなりに走りをまとめてタスキをつなぐ

走り始めて調子があまりよくないと感じたとしても、かんたんにやめるわけにはいかない。チームで走る駅伝では調子が悪いなら悪いなりに、最低限まとめることが大切。そうすればブレーキにはならないし、タスキをつなげば、ほかの選手が挽回してくれることもある。

プラス+1 レースが動くのは2区から後が多い

走り始めの1区は、各チームでけん制し合うので流れが落ち着きやすい。実際にレースが動くのが多いのは2区から後だ。そのため、1区は堅実な走りをする選手に任せ、2区から実力のある選手をオーダーすると先手必勝を狙いやすい。

レースが動くのは2区から後が多い

POINT 17

団体競技の駅伝を楽しむ

他の選手の分を埋め合わせて走る

駅伝ではチームが力を合わせることで、単純な足し算以上の結果が出ることもある。

CHECK POINT!

1. 適材適所を考えてチームを作る
2. 調子が万全でない選手を他の選手が埋め合わせる
3. 自分の走りをきちんとこなす

団体競技の駅伝の魅力を楽しもう

自分の作戦通りにレースを進めるには、周りの選手のスピードにどう対応するか、どのポジションで走ればいいかなど練習の時からレースをイメージすることが大事。またレースでは、前にいる選手をペースメーカー替わりにして走る、先頭に立つときは中途半端にスパートせずに、引き離すだけ引き離すといったテクニックも有効。

団体競技は個人競技とは違って、自分の力だけではどうしようもできないこともある。例えば10人で走る駅伝なら、10人全員の調子が合うということはまずない。しかし、そうしたとき、**うまく走れない人の分を他の人がいかに上手に埋め合わせてレースを作れるかが、駅伝で結果を出すカギであり面白さなのだ。**

選手を適材適所で配置する

コツ① 適材適所を考えてチームを作る

選手はタイムだけで分けられるのではなく、大舞台に強い選手やどんな状況でも粘り強く走れる選手など個性は様々。そうした個性を考えたうえで、適材適所で選手を配置して強いチームを作る。チームをまとめるには、雰囲気を和ますムードメイカーも必要だ。

体調が悪い選手もいる

コツ② 調子が万全でない選手を他の選手が埋め合わせる

チーム競技の駅伝では、レース当日に全員の調子が合うということはめったにない。どんなに順調に練習ができても、チームの中には体調が万全でない選手もいるものだ。そうしたとき、うまく走れない人の分を他の人がいかに上手に埋め合わせられるかがカギになる。

自分の区間をしっかり走る

コツ③ 自分の走りをきちんとこなす

自分がやらなければという気持ちが強くなりすぎると、焦ったり気負ったりして空回りすることがある。するとハイペースで入りすぎて後半に失速してしまい、ブレーキの原因になることも。まずは自分の区間をきちんと走ってタスキをつなぐ、という気持ちが大事。

プラス+1 先頭で走ると疲労しやすい

長距離走では、先頭に立ってしまうと疲労が大きくなる。ほかの選手の目標にされると精神的にも疲れるし、風を受ける場合もある。集団の中で走るときは、前の選手との距離を保ちながら流れに乗っていくのもテクニックのひとつ。

COLUMN 長距離走の秋・冬のアイテム

サングラス

冬場の乾燥した空気やほこりから目を保護するため、サングラスでケアをする。

キャップ・サンバイザー

日焼け防止や雨よけに、冬でもキャップ・サンバイザーは欠かせない。

ネックウォーマー

首筋から入る冷気を防ぐネックウォーマーは、フィットするストレッチ素材がおすすめ。

手袋

手袋は指先の保温用に欠かせない。吸湿性と速乾性を兼ね備えたものを選ぶ。

ウィンドブレーカー

寒い時期はランニングウェアの上にウィンドブレーカーなどをはおり、体を冷やさない。

ランニングタイツ

足首までの長さのタイツで、足を冷気からしっかりガードする。

秋・冬は気温が下がるため、筋肉も硬くなっている。そのため安全に練習やレースを行うために、いつもよりも時間をかけてストレッチなどを行いウォーミングアップをする。また練習で冷気から体を守るために手袋、ネックウォーマー、足首までのタイツなどを着用する。冬場は空気が乾燥する季節。その中を走ると冷たく乾いた空気に目がさらされ続けることになるため、サングラスをして目のケアするとよい。

PART3

目的に合わせたトレーニングをする

監修協力　大崎栄・片岡純子

POINT 18

目的に合わせたトレーニングをする

長距離走の4つの要素をおさえる

長距離走の4つの要素をおさえれば、トレーニング効果をアップできる。

CHECK POINT!

1. 効果が期待できる負荷でトレーニングを行う
2. バランスよく筋肉を鍛える
3. トレーニングの強度を徐々にあげる
4. 目的から必要なトレーニングを選択する

記録を狙うために 4つの特徴をおさえる

実業団に所属しているようないわば走りのプロは、毎日トレーニングを重ねていて走行距離は多い選手で月間800～1000㎞ほどといわれる。しかし学生など一般ランナーは、日常のなかでトレーニングをしているので、思うように時間を割くことができないのが現実だ。

長距離走ではトレーニングを重ねた分だけタイムにつながると考えられている。しかし**トレーニングはやみくもに重ねればよいものではなく、ポイントを抑える必要がある。**ここで紹介する4つの要素を参考にすれば、走行距離が短くても十分な効果をあげることは可能になる。練習メニューを組む際の参考にしてほしい。

コツ❶ 効果が期待できる負荷でトレーニングを行う

例えば習慣的に毎日20分ウォーキングしている人にとって、その運動は日常的な動きの範囲内になる。トレーニングで効果をあげるには、日常生活以上の負荷を体にかける必要がある。スピードを速める、距離を延ばすなどして負荷を高める。

コツ❷ バランスよく筋肉を鍛える

走るために使う筋肉は、おもに下半身に集中している。しかし、だからといって下半身の筋肉のみを集中的に鍛えれば記録が伸びるわけではない。長距離走は全身の筋肉を使う競技。そのため下半身だけでなく全身の筋肉をバランスよく鍛えることが大事。

コツ❸ トレーニングの強度を徐々にあげる

トレーニングの負荷に体が慣れてくると、そのトレーニングは日常的なものとなり効果は薄れてくる。そのため、レベルアップを狙うのなら徐々にトレーニングの強度や質を高めていく必要がある。体と相談しながら、無理なくトレーニングレベルを上げていく。

コツ❹ 目的から必要なトレーニングを選択する

長距離といっても、中距離的な要素を含む5000メートルとフルマラソンでは、求められる能力や鍛えるべき筋肉などはおのずと変わってくる。そのため、トレーニングメニューは自分の目的にあったものを見極めて、必要に応じて組まなければ効果はあがらない。

POINT 19

腕を振って一歩ずつ意識して歩く

ウォーキングは足慣らしに最適なトレーニング。ウォーミングアップなどに取り入れて行う。

一歩一歩フォームを意識して筋肉の土台をつくる

ウォーキングは脚づくりと、体の動かし方の矯正が同時にできるトレーニング。走る動きに比べて着地時の衝撃が弱いため、故障のリスクを軽くしながら、走るための脚づくりができる。競技を始めて間もない人や故障明けの人にとっては、最適なトレーニングといえるだろう。また練習前のウォーミングアップに取り入れたり、レース前の練習量を抑えたい時期に、走る練習の代わりに調整方法として行う。

ウォーキングは、ただ漫然と歩くのではなく、**腕の振りやモモの高さ、足の着地などを一歩一歩意識して行うことがポイント。**そうして少しずつ歩く距離と時間を延ばしていけば、長い距離を走るための筋肉の土台づくりをスムーズに行うことができる。

肩の関節を柔らかく使って、腕を前後に大きく振る。肩甲骨が動いているのを感じる。

頭のてっぺんからカカトまで、一本の軸が通っていることを意識する。

目線をまっすぐ前に向けて背筋をのばす。肩の力を抜いて上半身はリラックスした状態。

ツマ先は進行方向に向けて、カカトから着地する。胸を張って目線は前をキープする。

両足の真ん中に重心が来るようにする。背筋を伸ばしてアゴは引き気味にする。

プラス+1 着地はカカトから

ウォーキングでは、着地はカカトからが基本。ヒザから下を真っ直ぐ前に出し、カカトから着地することを意識する。頭の位置は前後に開いた足の真ん中に来るように。カカトから着地したあと体重を拇指球に乗せて、外側に蹴る力が分散しないように注意する。

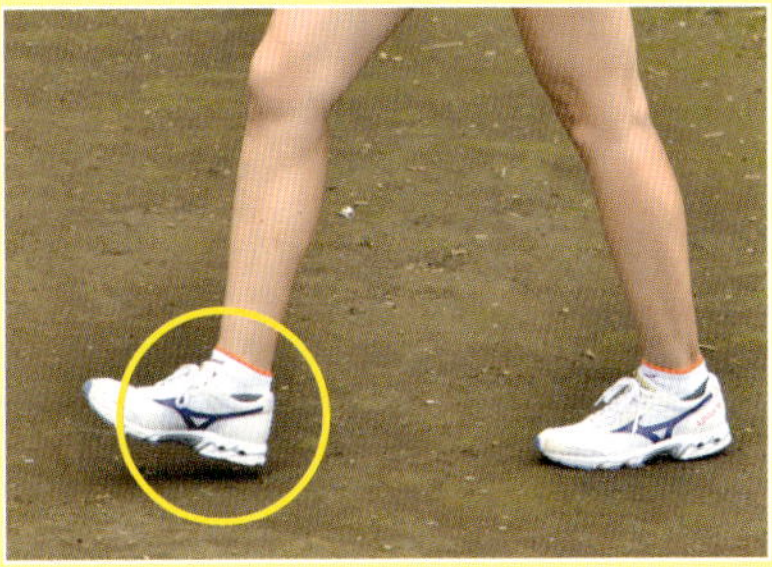

POINT 20

目的に合わせたトレーニングをする

一定のリズムを守ってゆっくり走る

ゆっくりとしたスピードで走ることで、酸素運搬能力が高まる。

CHECK POINT！

1. 早歩きからスタートする
2. 体の真下で着地をする
3. 上半身は地面に対してまっすぐ

息を切らさない程度のスピードで走るジョギング

走力アップを目的とするジョギングは本格的な練習の前にウォーミングアップとして行えば、徐々に体を慣らしていけるだけでなく、走りながらその日の自分の調子を確認することもできる。その際のポイントは、**ただゆっくりと走るのではなく正しいフォームで一定のリズムを守る**ことだ。

走力アップを目的とするジョギングは息を切らさず、話しながらでもできるくらいのスピードで体を動かす。そうすることで、血液中で酸素をスムーズに運べるようになる。酸素が体のすみずみまで行き渡れば楽に走れるだけではなく、疲労物質が血液中に取り込まれやすくなるため、トレーニング後の疲れが早く取れるメリットもある。そのためクールダウンに取り入れても有効だ。

コツ❶ 早歩きからスタートする

ジョギングは歩く筋肉から走る筋肉へと橋渡しをするトレーニング。そのためウォーキングからスタートして、徐々にジョギングに移行してもよい。走るペースは話しながらでも楽に続けられることが目安になる。気持ちよく走れるペースでゆっくり長く走る。

コツ❷ 体の真下で着地をする

ジョギングのフォームは、ウォーキングよりもやや上半身を前傾させて、体の真下でカカトから着地する。アゴを引きぎみに目線を前に向け、背筋を伸ばして胸を張る。腕を前後にしっかりと振って、その動きに合わせて脚が自然に前に出るようにするとよい。

コツ❸ 上半身は地面に対してまっすぐ

背中が丸まって前のめりになったり、反対に背中が反り返ってしまってはダメ。上半身は地面に対してまっすぐの姿勢を意識しつつ、ウォーキングのときよりもやや前傾させて走る。目線が下がったりアゴがあがってきたのが分かったら、意識的にまっすぐ前を見る。

プラス+1 話しながらでも楽に走れるペースで

走力をアップさせるジョギングはただゆっくり走るのではなく、正しいフォームで走ることが重要。その際のスピードは、話しながらでも走り続けられるくらいがよい。走力によっても異なるが1km6分～6分30秒くらいが目安となる。

POINT 21

目的に合わせたトレーニングをする

ウィンドスプリントで走力をつける

全力の80%の力で走るウインドスプリントで、スピードに対応できる体を作ることが可能になる。

スピードに対応できる体をつくる

トレーニングにスピードの要素を取り入れるのが、ジョギングよりもスピードをあげて走るウインドスプリントだ。これはスピード練習の導入の位置づけになるもので、**レースペースに近いレベルでの走りを繰り返すことで、スピードに対応できる体を作ることができる。**

ウインドスプリントでは、50〜100mの短い距離を全力疾走の8割程度の力で3本から5本程度走る。最初のうちは距離を短めに設定するとよい。最初の数mはゆっくりとしたスピードで走り始め、徐々にスピードをあげていってダイナミックなフォームで走る。スピードを落とさずに走ることと、フォームをきちんとチェックすることも大事。

親指の付け根にある拇指球で強く蹴り出して、体を前に進める。

カカトから着地をして素早くフラットな状態に。足裏全体で地面をキャッチするように。

腕を前後にバランスよく振って胸を張り気味にする。アゴを引いて目線は前に向ける。

無駄な上下動はなるべくおさえて、スムーズな重心移動でスピードに乗って走る。

ダイナミックな動きを意識して、全力の8割程度のスピードで走る。

プラス+1 トレーニングの最後に行ってもよい

ウインドスプリントはトレーニングの最後に行っても効果的。トレーニングの最後はフォームが乱れがちなので、ウィンドスプリントで修正してトレーニングを終える。上り坂を利用すると、短い距離で心拍数をあげられるので、呼吸器系に刺激を与える意味でも有効だ。

POINT 22

目的に合わせたトレーニングをする

レースでのペース感覚をつかむ

長距離走はいかに自分のペースを守れるかが重要になる。そのためにペース走は最適の練習だ。

CHECK POINT！

1. ペース走で一定のペースで走る感覚を養う
2. ジョギングよりも速くレースペース、またはやや遅い設定
3. 同じレベルのランナーと走ると効果的

一定のスピードで走って ペース感覚を養う

長距離走のレースで無駄な力を使わずに走るには、一定のペースで走り続けることが大切だ。前半にとばしすぎると後半にばてしまうし、反対に抑えすぎると力を出し切らないでレースが終わってしまうこともある。ペース走は一定のペースを守って、設定した距離を走るトレーニング。**楽に走り続けられるジョギングよりも速いペースを設定することで、レースでのペース感覚を養うことができ、より実践的なトレーニングになる。**

ペース走を重ねていくと血液中の乳酸除去能力が高まり、除去する能力が向上する。ペース感覚がつかめてきたら1kmあたり5～10秒ほどペースをあげていき、持久力をアップさせることで記録更新につながる。

レースのペース感覚をつかむ

コツ❶ ペース走で一定のペースで走る感覚を養う

長距離走は短距離走とは違い、レース中一定のペースを守って走り続けることが大切。ペース走は、その感覚を養う練習だ。スピードを一気にあげると、疲労物質の乳酸が蓄積されていく。この練習では、乳酸が蓄積され始める一歩手前のペースで走り続ける感覚を養う。

ジョギングよりもやや速いペース

コツ❷ ジョギングよりも速く レースペース、またはやや遅い設定

ジョギングより速く、レースで走るにしては少々遅いくらいのペースを設定するのがベスト。最初はタイムは気にしなくてよいので、自分が少しキツイと感じるペースを維持してみよう。5～10kmの距離をペースで守って走りきれたら、実力がついてきた証拠。

コツ❸ 同じレベルのランナーと走ると効果的

ずっと同じペースを維持して走るのは、身体的にも精神的も結構つらいもの。タイムや距離を設定しても、一人では練習中にペースが速くなったり遅くなったりするので、同じレベルの仲間を誘って、お互いのペースを確認し合って行うと効果的な練習になる。

プラス+1 疲労の原因は筋肉中の乳酸

ジョギングなどの有酸素運動酸素では、酸素を取り込みながら行うので疲労物質である乳酸の生成と除去のバランスがとれ乳酸を再利用してエネルギーにできる。しかし走るスピードがあがって酸素が取り込まれにくくなると、乳酸が除去できず蓄積されて体がばてた状態になる。

乳酸の蓄積が疲労の原因

POINT 23

目的に合わせたトレーニングをする

速いペースで走り間をジョグでつなぐ

2パターンのペースを繰り返して走るインターバル走は、レースを意識した実践的な練習。

CHECK POINT!

1. 速いペースと遅いペースを繰り返す
2. インターバル走で疲れにくい体をつくる
3. 練習後のケアは念入りにする

インターバル走で心肺機能を鍛える

インターバル走は、息が上がるくらいの速いスピードで走った後に、ジョギングやウオーキングなどのゆっくりとしたペースで息をととのえ、また速いスピードで走ることを繰り返すトレーニング。内容はハードだが、**心肺機能が鍛えられてスピードをあげても呼吸が楽に感じられるようになる。またスピードをあげて走る際は、フォームがダイナミックになり筋肉への負荷も大きくなる。**不完全休息なので速いペースで走りながら持久的トレーニングとなる。

インターバル走は体への負担も大きいため、週に一回程度を目安に行う。また練習後はいつも以上にストレッチなどでしっかりとケアをして、翌日に疲れを残さないように心がけることもポイント。

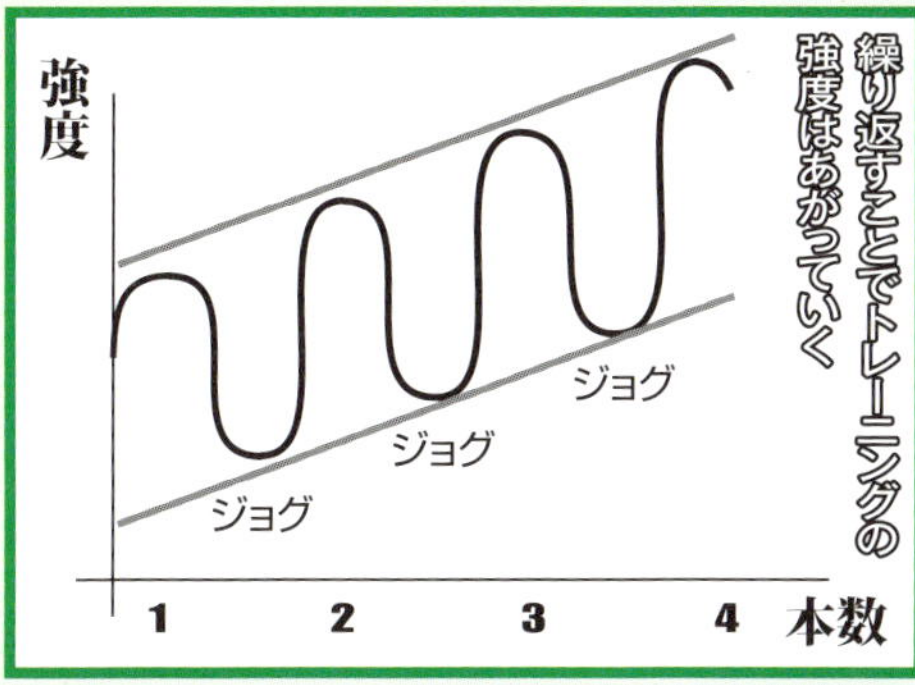

コツ① 速いペースと遅いペースを繰り返す

インターバル走は図のように速いペースと遅いペースを、交互に繰り返して走る。速いペースは８割程度のスピードで走るウィンドスプリントを目安にする。やや息があがるくらいのスピードだ。遅いペースはジョギングかウォーキングで、このとき息をととのえる。

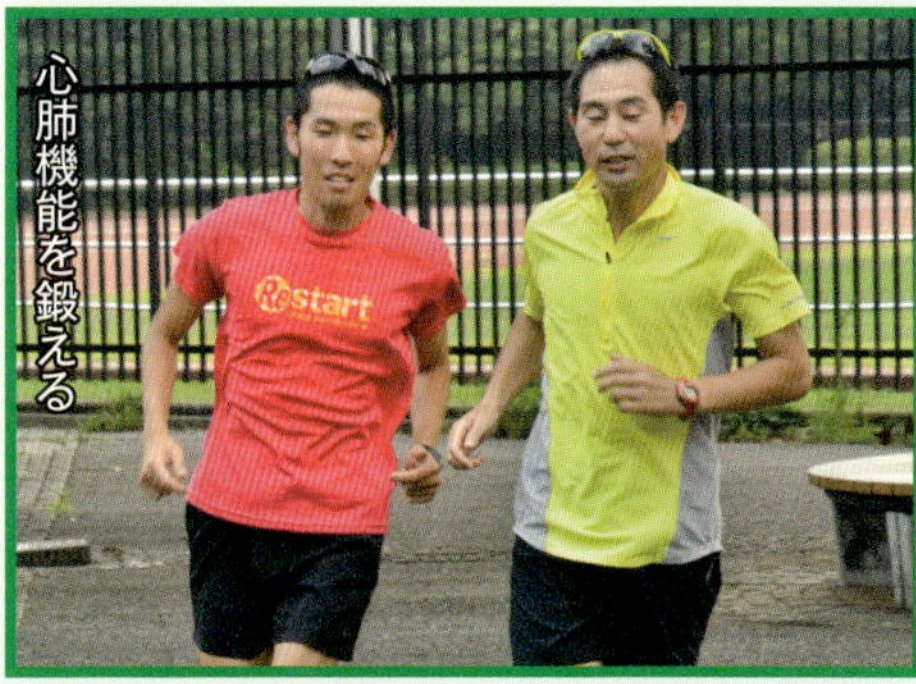

コツ② インターバル走で疲れにくい体をつくる

インターバル走の目的は、心肺機能を鍛えてスピードをあげても楽に走れるようになること。心肺機能が向上するとそれだけ多くの酸素を多く取り込めることになって、疲労物質である乳酸が溜まりにくくなる。スピードをキープしやすくなることはまちがいない。

コツ③ 練習後のケアは念入りにする

インターバル走は体への負荷が強いトレーニングのため、練習後は念入りなケアが必要。疲労が体内に蓄積すると、ケガのリスクが高まるだけでなく、オーバートレーニングの原因にもなる。ストレッチやマッサージなどで疲労を取り除いて体の回復を早める。

プラス+1 最後までペースダウンしない

インターバル走を行う際は、あらかじめ速いペースで走る距離と遅いペースで走る距離を決めておく。ペースを落とさずに最後まで走り抜くことで、強度が徐々にあがり効果的なトレーニングになる。重ねて行えば体がスピードに適応していくのが分かるはずだ。

POINT 24

目的に合わせたトレーニングをする

段階的に走るペースをあげていく

徐々にスピードをあげていく感覚を覚えると、レースでも自分のペースを守って走りやすくなる。

CHECK POINT!

1. 段階的にタイムをあげていく
2. 後半で力を発揮する感覚を養う
3. ビルドアップ走でレース感覚に磨きをかける

徐々にスピードをあげていくビルドアップ走

あらかじめ走る距離を決めて、スタート時は抑え気味のペースで走り始め、徐々にペースアップしていって最後はレースペースよりも速いスピードで走り終えるのがビルドアップ走。実際レースでも前半はペースを抑えて、後半にペースをあげていく作戦を取ることもある。ビルドアップ走は徐々にペースあがるので、初心者にも取り入れやすいトレーニングだ。

このトレーニングで、後半に効率よく力を使う感覚を養うことができれば、**レースでも周りの状況に惑わされることなく、自分のペースを守って走りきることができる。**ビルドアップ走では、一気にスピードをあげずラップを少しずつ縮めるタイム設定をすることがポイントだ。

徐々にタイムをあげる

コツ❶ 段階的にタイムをあげていく

ビルドアップ走は距離を設定し、徐々にペースをあげていく練習。最初は全体の距離を大きく2～3のパートに分けて行い、慣れてきたら1km単位でタイムを5～10秒ずつあげていく。急激なスピードアップをすると、呼吸器系のトレーニングになってしまうので注意。

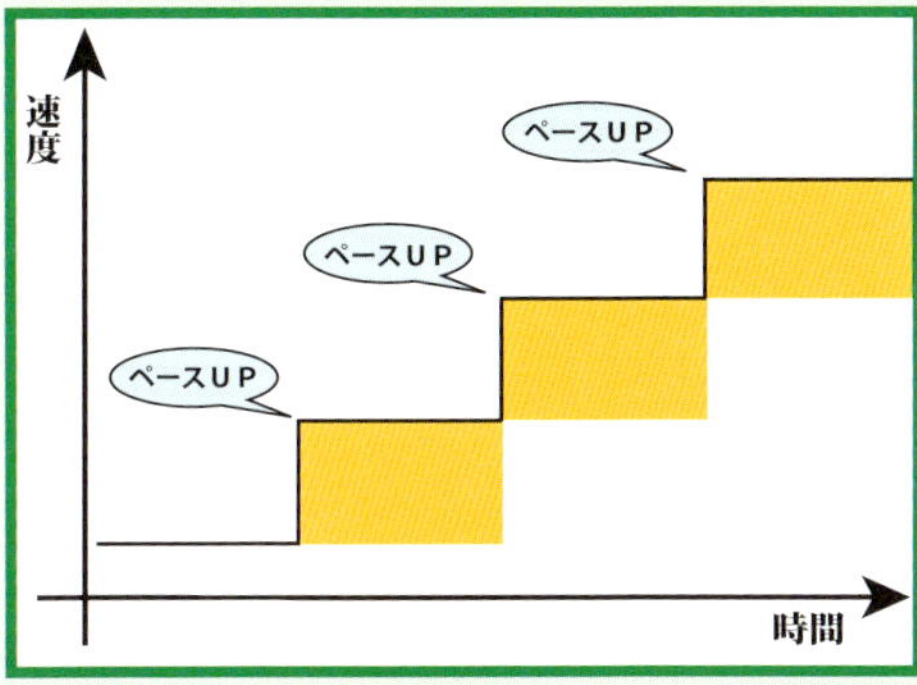

コツ❷ 後半で力を発揮する感覚を養う

最初はレースペースより遅めのジョギング程度のスピードで走り、徐々にペースをあげていって、最後はレースペースを上回るスピードで走り終わる。前半は抑え気味にして走り、後半で持っている力をすべて使うという効率のよい走り方の感覚を養う練習だ。

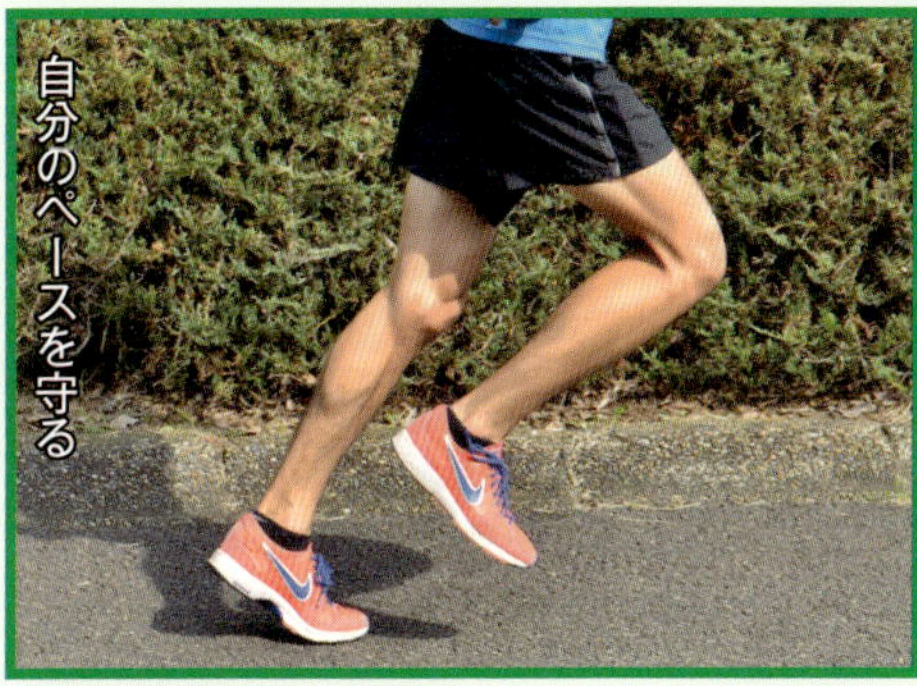

自分のペースを守る

コツ❸ ビルドアップ走でレース感覚に磨きをかける

実際のレースでも、前半は抑えて走って後半に余った力をすべて出してスパートをかける、というプランを立てることがある。ビルドアップ走は、この感覚を磨くには最適のトレーニング。周りの状況に流されずに、自分のペースを守って走る感覚をじっくりと養う。

プラス+1 トレーニング中は水分補給を欠かさない

長時間体を動かし続ける長距離走は、体の水分を失いやすく夏でなくても脱水症状の危険性がある。発汗によって体重の3%以上の水分が失われると、頭痛や吐き気など感じることも。トレーニング中はこまめな水分補給は欠かせない。

POINT 25

目的に合わせたトレーニングをする

目標タイムを設定して走る

タイムトライアルで、レースでのペース配分やコンディションをチェックする。

CHECK POINT!

1. レース前に自分のコンディションをチェックする
2. レースプランを立ててみる
3. フィードバックをレースに生かす

タイムトライアルでレースのリハーサルを行う

レースに向けて、最後の仕上げとなる練習がタイムトライアルだ。このタイムトライアルは本番のレースのリハーサルのようなもので、目標タイムをあらかじめ設定して走る。そうして**レースでのペース配分や、自分のコンディションや仕上がり具合をチェック**するのだ。タイムトライアルは練習の中で行ってもいいし、実際の大会に参加してもよいだろう。

タイムトライアルはある程度本気で走らないと効果がないが、頑張りすぎてレース前に体に余計な疲労が溜まってしまったり、故障をしてしまっては本末転倒。気持ちよくレースに臨めるように、無理をしないで練習の総仕上げとして行うのがベターだ。

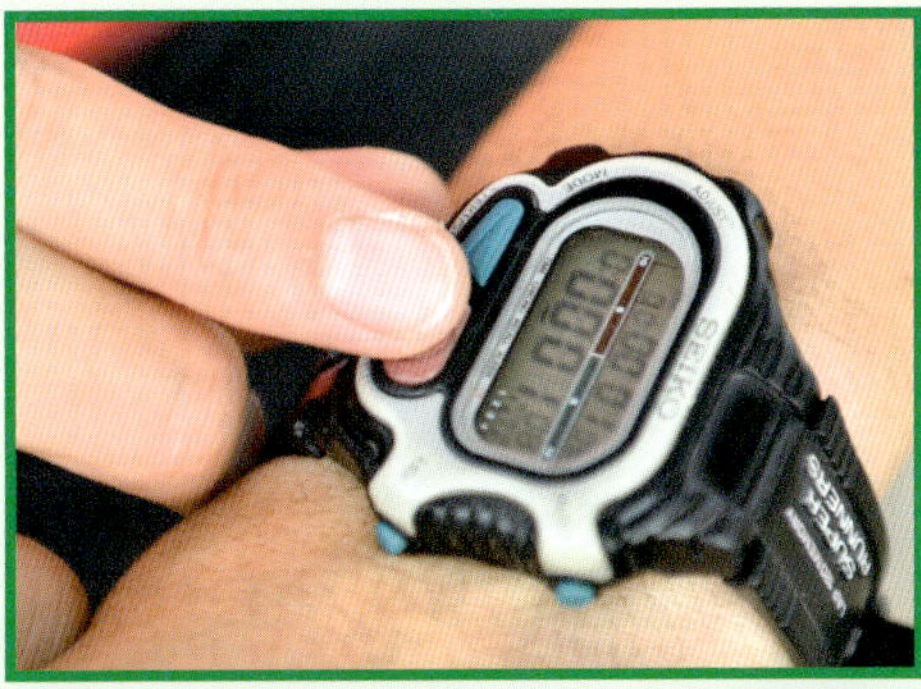

コツ❶ レース前に自分のコンディションをチェックする

順調に練習を重ねてきたとしても、レース前は誰でも不安になるもの。そこでタイムトライアルでは、レースペースで実際に走ってみて、ペース配分や自分のコンディションをチェックする。ハーフ以上の長距離の場合、レースより少し短いくらいの距離でもかまわない。

コツ❷ レースプランを立ててみる

本番のレースで記録を伸ばすには、レースプランを立てて走るが、可能ならタイムトライアルでも、細かくペース配分を設定するなど、レースプランを立てて走ってみよう。そうすることで、より本番のレースに近い状況での練習となり、効果をあげることができる。

コツ❸ フィードバックをレースに生かす

タイムトライアルの目的は、自分の仕上がり具合をチェックすること。そのためタイムトライアル後はコーチに相談したり、自分の走りを振り返って足りなかったところを見つける。そうしたフィードバックを本番のレースに生かせば、記録を伸ばすことにつながる。

プラス+1 レースにエントリーする

タイムトライアルは、本番のレースとできるだけ近い状況を設定して行うと、より効果がアップする。そのため雰囲気に慣れるためにも、時期があえば他の走者もいる実際のレースに参加してみてもよいだろう。

POINT 26

長い距離をゆっくりと走る

LSDをしっかりとこなすことで、長い距離を走ることへの不安を取り除くことができる。

CHECK POINT!

1. LSDで体の身体能力をアップさせる
2. 会話できるくらいのスピードで走る
3. 理想のフォームをイメージして走る

長距離を走りきる体とメンタルを養うLSD

遅いペースで長い時間をかけて長い距離を走る練習をLSDという。LSDは「ロング・スロー・ディスタンス」の頭文字をとったもの。LSDを行う目的は、長距離を走りきれる体を作ることと、距離への不安を取り除くことにある。LSDは代表的な有酸素運動の一つで、反復して行うことで、**身体の血流が良くなり酸素を体内に蓄えられるようになる。これによってエネルギーを効率よく使えるようになり持久力がアップする効果がある。**

LSDを行うときは、会話ができるくらいのペースをキープして、スピードが出過ぎないように注意する。行う際は、飽きないようにいろいろな場所を走るコースにするとよい。

コツ❶ ＬＳＤで体の身体能力をアップさせる

LSDは弱い刺激を長時間体に与え続けることによって、身体能力をアップさせる練習。速く走るのも大変だが、遅く走るのもそのための技術がいる。このトレーニングでは筋力はもちろん、持久力を高められるので、長距離を走りきるためのベース作りには最適なのだ。

コツ❷ 会話できるくらいのスピードで走る

ＬＳＤはジョギングよりもやや遅いくらいのスピードで、長い時間走るトレーニング。このトレーニングの目的の一つは、距離への不安を取り除くこと。話しながらでも楽に走り続けられる、8分／ｋｍくらいのペースを目安にしてリラックスして走る。

ゆっくりでもフォームは守る

コツ❸ 理想のフォームをイメージして走る

ゆっくりとしたペースで走るのは、力を抜いてダラダラ走るのとは違う。遅いスピードで走ると自然と歩幅が狭くなってフォームも小さくなるが、骨盤をしっかりと動かすことや、ヒジを後ろに引く腕振りなど、理想的なフォームをイメージしながら走ることが大事。

プラス+1 長時間動かした体をしっかりとケアする

一般的にＬＳＤは90分以上走ることを指す。ペースが遅いので、インターバル走などのようなハードトレーニングと比べれば疲れを感じにくいかもしれないが、決して負荷は小さくない。そのためトレーニング後はストレッチなどでしっかりケアをすることもポイントだ。

POINT 27

目的に合わせたトレーニングをする

坂道をトレーニングに利用する

上り坂のトレーニングを取り入れることで、いつもと違った刺激を筋肉に与えることができる。

CHECK POINT!

1. 上り坂ではフラット気味で着地をする
2. 前傾姿勢を意識して走る
3. 重心が後ろに流れるフォームはダメ

坂道を走ってトレーニングの強度と質をアップする

トレーニングを重ねていくと、体がその負荷に慣れてきて日常的な動作となる。トレーニング効果を期待するには、意識的にトレーニングの強度や質をあげていって、非日常性を保つことが大切。長距離走のレースの多くは平坦な場所で行われるが、**坂道を走るトレーニングを取り入れることで、いつも以上の負荷を筋肉に与えることができ筋力アップ、心肺機能アップに効果がある。**

坂道でのトレーニングはおもに上り坂を利用するが、下り坂をスピードに乗って走ればダイナミックなフォームの感覚をつかむことができる。坂道を走るときは、安全に行うためにも交通量や信号の有無をチェックすること。

コツ① 上り坂ではフラット気味で着地をする

上り坂を走るときはカカトからではなく、足裏全体を同時につけるか、フラット気味で着地をする。平坦な場所と同じようにカカトから着地をすると、体が後ろにのけぞってしまい、前に進む力にストップをかけてしまう。スピードがあがらない原因となるので注意が必要。

コツ② 前傾姿勢を意識して走る

上り坂では、平坦な場所を走るときより姿勢を前傾させて走ると、楽に前に進むことができる。ポイントは背筋をしっかりと伸ばした状態で腰高なフォームをキープすること。背筋が丸まると自然とフォームが小さくなり、歩幅が狭くなり前に進まない。注意すること。

コツ③ 重心が後ろに流れるフォームはダメ

上り坂でカカトから着地をしてしまうと、体が後ろにのけぞる姿勢になる。この姿勢では重心が後ろに流れて足が前に出なくなるため、前への動きにストップがかかる。後ろにのけぞる癖がある人はツマ先よりで着地する、目線を下げてアゴを引くの2点を意識する。

プラス+1 下り坂で体を大きく使う感覚をつかむ

下り坂の練習では、体を大きく使うダイナミックなフォームの感覚をつかむことができる。ポイントはあまり急な坂を選ばないことと、怖がらずにスピードに乗って走ること。足元を見ると速く感じるので、遠くの方に目線を向ける。

POINT 28

目的に合わせたトレーニングをする

休養もトレーニングメニューの一部と考える

休養日には、公園や林の中でのウォーキングやゆっくりとしたスピードでジョギングしてもよい。

CHECK POINT!

1. 筋肉の超回復を利用してトレーニング効果をあげる
2. ウォーキングやジョギングで軽く体を動かす
3. ストレッチで体を入念にケアする

レベルアップには休養もトレーニングのうち

一昔前まで、トレーニングは毎日やってこそ効果があると考えられていた。しかし最近では、筋肉が回復するメカニズムなどを考慮に入れると、**ある程度は休養を取った方が、効率よくトレーニングの効果があがることが分かっている。**つまり休養もトレーニングのうちと考えて休んだほうが、スムーズなレベルアップにつながるのだ。詳しくはP76以降のトレーニングメニューを参考にしてほしい。

休養日は、**ストレッチを行ったり、ゆっくり半身浴をすることで体をリラックスさせる。体に負担がかからない程度になら、ウォーキングやジョギングで軽く汗をかいてもいい。**体力を回復させるためには、食事も重要。

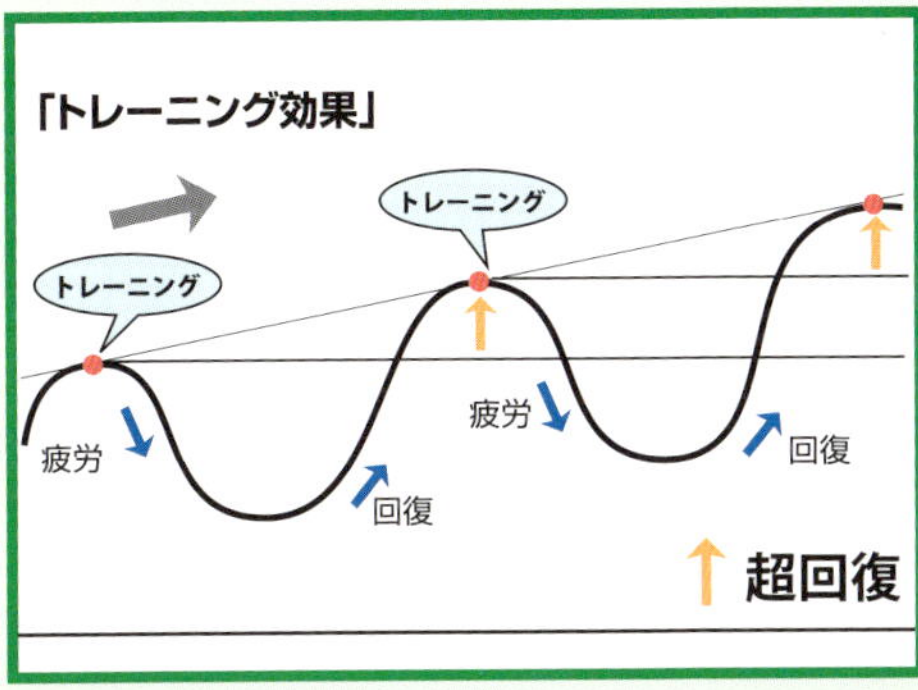

コツ❶ 筋肉の超回復を利用してトレーニング効果をあげる

激しいトレーニングによって壊れた筋組織は、休養を与えることでトレーニングを行う以前よりも強くなって回復する。この筋肉の性質を超回復という。つまり筋肉に負荷をかけ続けるよりも、適度に休養を取ることでトレーニング効果は効率よくアップするのだ。

コツ❷ ウォーキングやジョギングで軽く体を動かす

休養日でも、体に負担にならない程度であるなら、ウォーキングやジョギングをしてもいい。特にレース前の調整期では、体を動かさないと不安だという人も多い。携帯音楽プレーヤーで音楽を聴きながらなど、リラックスした状態で気持ちよく体を動かすのも有効。

コツ❸ ストレッチで体を入念にケアする

休養日には、いつもより時間をかけてストレッチをする、半身浴で汗を流すなどして、心と体を休めると効果的。ストレッチはアップで行う、動きながら筋肉を伸ばしていく動的ストレッチではなく、室内でも行えるゆっくり伸ばす静的ストレッチを行う。

プラス+1 しっかりとした食事で体をサポート

体の回復を助けて早めるのが、バランスのよい食事だ。筋肉や血液のもとになる肉や魚、大豆などのタンパク質をはじめ、エネルギー源となる炭水化物などの栄養素をしっかりと摂って体を栄養面からサポートすることも大事。

POINT 29

目的に合わせたトレーニングをする

5000m・10000m走のトレーニングメニュー

5000m・10000m走 トレーニング期

	ウォーミングアップ	ポイント練習	ペースの目安
月	ストレッチ ステップドリル	ロングインターバル走 1000 × 5 ～ 10 or 2000 × 3 ～ 5	レースペースよりも 速いペース
火	ストレッチ ウォーキング	ジョギング 40 ～ 60 分	1 km = 6'00 ～ 7'00
水	ストレッチ ステップドリル	ショートインターバル走 200 × 10 or 400 × 10 ～ 15	レースペースよりも 速いペース
木	ストレッチ ウォーキング	ジョギング 40 ～ 60 分	1 km = 6'00 ～ 7'00
金	ストレッチ ステップドリル	ペース走 12 ～ 15 km	レースペースよりも 1 km毎に 20 ～ 30 秒遅い ペース
土	ストレッチ ウォーキング	LSD　90 分	1 km =7'00
日	休養　ストレッチ、ウォーキングなど。軽くジョギングをしても可		

レースより3ヶ月～2週間前のトレーニングメニュー

月曜日のロングインターバル走は、1000mの場合は200m、2000mは400mのジョギングをインターバルに入れる。水曜日のショートインターバル走は、100～200mのジョギングをインターバルに入れる。いずれも最後までスピードが落ちないことを意識すること。インターバル走を週二回行うと負担が大きい場合は、一回だけでもよい。月曜と水曜のメニューは入れ替えても可。インターバル走の代わりに50～70mの坂道を走って上るトレーニングも可。その際は80%くらいのスピードで上り、ジョギングでゆっくりおりる。

5000m・10000m走　レース前

	ウォーミングアップ	ポイント練習	ペースの目安
土	ストレッチ ステップドリル	ロングインターバル走 2000 × 2 ～ 3 or 3000 × 2	レースペースと同じペース
日	休養　ストレッチ、ウォーキングなど。軽くジョギングをしても可		
月	ストレッチ ステップドリル	ショートインターバル走 400 × 7 ～ 10 or 1000 × 3 ～ 5	レースペースと同じペース
火	ストレッチ ウォーキング	ジョギング　30 分	1 km =6'00 ～ 7'00
水	ストレッチ ウォーキング	ジョギング　30 分	1 km =6'00 ～ 7'00
木	ストレッチ ステップドリル	2000 × 1 ＋ 1000 × 1	レースペースと 同じペースか やや速めのペース
金	休養　ストレッチ、ウォーキングなど。軽くジョギングをしても可		
土	ストレッチ ウォーキング	ジョギング　30 分 ウィンドスプリント 80 m× 2 ～ 3	ジョグ　1 km =6'00 ～ 7'00 W・S　全力の 80%の走力
日	レース当日		

レースより10日～2週間前のトレーニングメニュー

レース前の10日～2週間は、疲労を取って体調を整えることが目的の練習に切り替える。木曜日の練習は、レース前にレースペースかそれよりもやや速いスピードで走って筋肉に刺激を入れるためのものだが、頑張りすぎると疲労が残るので、スピードを上げすぎないように注意する。また、レース前になって、体に疲労が残っていると感じた場合は火・水・木のうち一日を休養にあててもよい。

POINT 30 目標タイム4時間以上のトレーニングメニュー

フルマラソン　目標タイム4時間以上
トレーニング期

	ウォーミングアップ	ポイント練習	ペースの目安
月	ストレッチ ウォーキング	ジョギング　40分	1km ＝ 6'30～7'30
火	ストレッチ ステップドリル	30分ジョギング ウィンドスプリント 50～80m×2～3	ジョグ　1km ＝ 6'30～7'30 W・S 全力の80%の走力
水	ストレッチ ウォーキング	ジョギング 40～60分	1km ＝ 6'30～7'30
木	休養　ストレッチ、ウォーキングなど。軽くジョギングをしても可		
金	ストレッチ ステップドリル	ペース走 10～20km	レースペースまたは やや遅いペース
土	ストレッチ ウォーキング	LSD　60～90分	1km ＝ 8'00
日	休養　ストレッチ、ウォーキングなど。軽くジョギングをしても可		

レースより3ヶ月～2週間前の トレーニングメニュー

火曜日のウィンドスプリントは、全力の80%のスピードで走るが、80mだと最後にスピードが落ちてしまうなら50mでもOK。本数は走力に合わせて調節すること。金曜日のペース走は持久力をつけることが目的だが、最初は10kmからスタートして、徐々に距離を延ばしていくとよい。LSDは話しながらでも走り続けられるくらいのペースをキープする。

フルマラソン　目標タイム4時間以上
レース前

	ウォーミングアップ	ポイント練習	ペースの目安
土	ストレッチ ステップドリル	ペース走　8～10km	レースペースと同じか やや速め
日	ストレッチ ウォーキング	ジョギング　40～60分	1km ＝ 6'30～7'30
月	休養　ストレッチ、ウォーキングなど。軽くジョギングをしても可		
火	ストレッチ ウォーキング	ジョギング　30分	1km ＝ 6'30～7'30
水	ストレッチ ステップドリル	ペース走　3km or ウィンドスプリント 50～80×2～3	ペース走　レースペース W・S 全力の80%の走力
木	休養　ストレッチ、ウォーキングなど。軽くジョギングをしても可		
金	ストレッチ ウォーキング	ジョギング　30分	1km ＝ 6'30～7'30
土	休養　ストレッチ、ウォーキングなど。軽くジョギングをしても可		
日	レース当日		

レースより10日～2週間前のトレーニングメニュー

レース前の10日～2週間は、疲労を取って体調を整えることが目的の練習に切り替える。水曜日は3kmのペース走で疲労が残ってしまう場合は、ウィンドスプリントを行って筋肉に刺激を与えてもよい。レース前日の休養日には、軽くジョギングをしてもかまわないが、次の日に疲れを残さないように、長くても30～40分程度にしておくのがベター。

フルマラソン　目標タイム4時間〜3時間半以内
トレーニング期

	ウォーミングアップ	ポイント練習	ペースの目安
月	ストレッチ ウォーキング	ジョギング 40〜60分	1km = 6'00〜7'00
火	ストレッチ ウォーキング	ジョギング 40〜60分	1km = 6'00〜7'00
水	ストレッチ ステップドリル	インターバル走 1000m×5〜7 or 2000m×2〜3	レースペースよりも 1km毎に 20〜30秒速いペース
木	休養　ストレッチ、ウォーキングなど。軽くジョギングをしても可		
金	ストレッチ ステップドリル	ペース走 20〜30km	レースペースよりも 1km毎に20〜30秒 遅いペース
土	ストレッチ ウォーキング	LSD　90〜120分	1km = 7'00
日	休養　ストレッチ、ウォーキングなど。軽くジョギングをしても可		

レースより3ヶ月〜2週間前のトレーニングメニュー

ペース走は、距離はそのままでビルドアップ走にしてもよい。その場合レースペースよりも遅いスピードで入り、後半の10kmはレースペースよりも速くなるように調整する。インターバル走は、1000mはスピード重視、2000mは持久力重視の練習。1000mの場合は200m、2000mは400mのジョギングをインターバルに入れる。インターバル走の代わりに50〜70mの坂道を走って上るトレーニングも可。その際は80%くらいのスピードで上り、ジョギングでゆっくりおりる。

フルマラソン　目標タイム4時間～3時間半以内
レース前

	ウォーミングアップ	ポイント練習	ペースの目安
土	ストレッチ ステップドリル	ペース走　10～12 km	レースペースと同じ
日	ストレッチ ウォーキング	ジョギング　60分	1 km = 6'00～7'00
月	休養　ストレッチ、ウォーキングなど。軽くジョギングをしても可		
火	ストレッチ ウォーキング	ジョギング　30分	1 km = 6'00～7'00
水	ストレッチ ステップドリル	ペース走　5 km	レースペースと同じか やや速めのペース
木	ストレッチ ウォーキング	ジョギング　30分	1 km = 6'00～7'00
金	休養　ストレッチ、ウォーキングなど。軽くジョギングをしても可		
土	ストレッチ ウォーキング	ジョギング　30分 ウィンドスプリント 80 m×2～3	ジョグ　1 km = 6'00～7'00 W・S 全力の80%の走力
日	レース当日		

レースより10日～2週間前のトレーニングメニュー

レース前の10日～2週間は、疲労を取って体調を整えることが目的の練習に切り替える。水曜日のペース走は、レースのスピードに体を慣れさせるためのもので、レースペースで走る。土曜日のウィンドスプリントは、筋肉に刺激を入れることが目的なので、疲労が残るほどやっては逆効果になる。休養日には軽くジョギングをしてもいいが、30～40分程度にして、やり過ぎないようにすることがポイント。

POINT 32

目的に合わせたトレーニングをする

気温が高い季節は工夫して走る

夏は涼しい木陰などを利用すると涼しく走ることができる。

CHECK POINT!

1. 暑い時期は朝や夜の涼しい時間に走る
2. トレーニングの前後に体の熱をとる
3. 筋力トレーニングを充実させる

直射日光を避けて涼しく走る

実業団等のフルマラソンの大会が開かれる時期を見ても分かるように、屋外を長い時間走る長距離走に適したシーズンは、本来気温が低い季節。心身ともに厳しい夏場のトレーニングは、メンタル的には充実感がある反面、体への負担も大きく、脱水症状などを引き起こす危険性もある。そのため安全にトレーニングを行うには、万全の暑さ対策をして臨みたい。

酷暑の中でも日陰は案外涼しいもの。そのためトレーニングは、**日陰の多い場所を選んだり、朝や夜などの涼しい時間に走ると有効だ。**その際、前後にアイシングを行うと、上手に熱を逃がすことができる。また夏場の厳しい太陽光線から体を守るには、帽子とサングラスは必需品。

朝夕の涼しい時間に走る

コツ❶ 暑い時期は朝や夜の涼しい時間に走る

日中の温度が30度以上になる真夏の季節には、日陰を走ったり、朝や夜などの涼しい時間帯を選んで走ると体への負担を軽くすることができる。また走っている間に気分が悪くなったり、体に異変を感じたら、すぐに走るのをやめて日陰に入って体を休ませること。

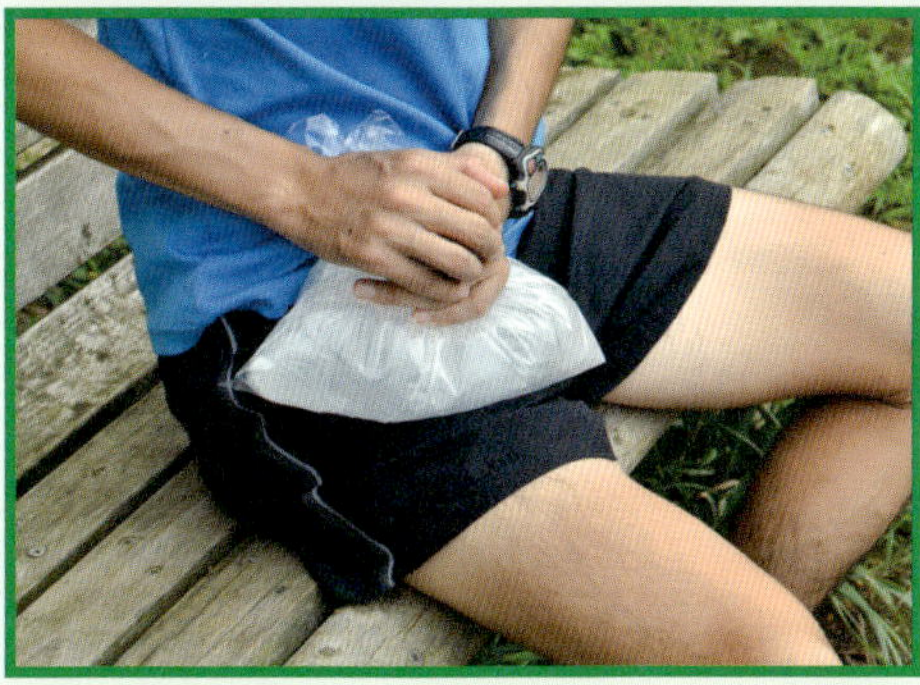

コツ❷ トレーニングの前後に体の熱をとる

夏場のトレーニングでは、トレーニングの前後に上手に体の熱を取りながら走ることで、暑い中でも比較的涼しく走ることができる。アイシングをする際は、太い血管のある首筋や、リンパのある太モモの内側やわきの下に氷の入った袋をあてて冷やすと効果的だ。

コツ❸ 筋力トレーニングを充実させる

酷暑の中でのトレーニングは、メンタルは充実するが体への負担も大きい。特に梅雨明けの急激に気温が上がる季節は、体が対応できず、脱水症状などを引き起こす危険性もある。そのため夏場は走る代わりに筋力トレーニングなどを取り入れるなど工夫をする。

プラス+1 帽子とサングラスで暑さをやわらげる

帽子とサングラスは夏場の直射日光をやわらげるための必需品。特にサングラスはまぶしさから目を守ってくれるだけでなく、太陽光線をカットすることで、脳が「この光の量ならば涼しいはず」と判断して楽に走ることができる。

POINT 33

目的に合わせたトレーニングをする

心拍数を計測してトレーニングに生かす

CHECK POINT!
1. おおよその最大心拍数を算出する
2. トレーニング後に心拍数を測る
3. 運動強度を算出する

最大心拍数を把握してトレーニングに役立てよう

　トレーニング効果を上げるためには、体が慣れる前にトレーニングの強度をあげる必要がある。1分間に心臓が血液を送り出すために拍動する数を心拍数といい、心拍数はトレーニングの強度が高まるにつれて上昇する。強度をあげていったとき、拍動がもっとも速くなったときの心拍数が最大心拍数。最大心拍数は、一般的な成人の場合「220ー年齢」の計算でおおよその値を知ることができる。

　最大心拍数が把握できれば、それを元にしてトレーニングの強度を割り出すことができる。また、そうして得た強度を利用してタイムを設定すれば、メニューを組む際に役立てることも可能だ。

コツ❶ おおよその最大心拍数を算出する

最大心拍数を算出することにより、トレーニングを効果的に行うことが可能になる。健康な生活を送っている人の場合、最大心拍数は「220－年齢」という計算で算出することができる。たとえば30歳なら1分間に190拍、40歳なら180拍がおおよその最大心拍数だ。

コツ❷ トレーニング後に心拍数を測る

心拍数は脈拍数を測ることで分かる。方法はトレーニング終了後に、手首に指をあてる。1分間測る必要はなく、20秒間数えて3倍することで簡単に測ることが可能。最近では、心拍数を測定するハートレイトモニターや、計測機能のある時計も市販されている。

運動強度(%)

＝

(心拍数－安静時心拍数)÷(最大心拍数－安静時心拍数)×100

コツ❸ 運動強度を算出する

運動強度は運動中に体に掛かる負担の度合いを表し、ここで紹介するのは最大心拍数を基準にする計算方法。例えば年齢が30歳で最大心拍数が190、安静時心拍数が60の人が心拍数150のときの運動強度は約69%。このように本人の身体能力を基準に計算ができる。

プラス+1 運動強度から目標心拍数を算出

運動する際の理想的な心拍数が目標心拍数で「運動強度（例えば60%の場合0.6で計算する）×（最大心拍数－安静時心拍数）＋安静時心拍数」で算出する。例えば最大心拍数190、安静時心拍数60の人が運動強度60%の運動をしたい場合138が目標心拍数。

運動強度の目安	
健康レベル（WALK・JOG）	50～60%
体脂肪燃焼レベル（JOG）	60～70%
持久走レベル	70%～
スピード練習	85%～

COLUMN シューズの選び方

目的に合ったシューズを見つける

シューズは、履く人のレベルや目的などによって分かれている。足に合わないシューズは記録が伸びないばかりか、故障の原因になることもあるので、しっかりとした知識を持った店員のいる専門店で購入することをおすすめする。

シューズには大きく分けてローペース用の底が厚く、クッション性に優れた安定感のあるものと、ハイペース用のソールが薄い軽量タイプのものがある。ＬＳＤのようなゆっくり走るトレーニングではローペース用、インターバル走のようなスピードトレーニングでは、ハイペース用とシューズを使い分ける。シューズを選ぶときはサイズだけでなく、足幅にも気を付けること。また土踏まずのアーチの高低が合わない場合は、インソールで調整することも可能。試しに履くときは、足の形がきれいな午前中がよい。ランニング用のソックスを履いていくことも忘れないように。

PART4

ストレッチ&補強エクササイズ

ランニングで使う筋肉をチェックする

上半身の筋肉
理想的な姿勢をキープするためには、バランスよく腹筋と背筋の筋肉をつける。

下半身の筋肉
下半身の筋肉もモモとふくらはぎ、前と後ろの筋肉をバランスよくつけるとフォームが安定する。

全身の筋肉を
バランスよく鍛えよう

長距離走で使うのはおもに下半身の筋肉。しかし姿勢をキープしたり、腕をリズミカルに前後に振るためには、全身の筋肉をバランスよくつける必要がある。人の体の胴体部分にある腹筋や背筋、胸の筋肉などを体幹と呼ぶことがあるが、**フォームを維持するのにポイントになるのは、腹の中央部を覆う腹直筋とわき腹の腹斜筋、そして背中の広背筋と脊柱起立筋だ。**これらの筋肉は、背骨を前と後ろから挟んで支えている。そのため鍛えることで悪い姿勢が改善されて、背筋が伸びた理想的なフォームを作ることができる。

また胸の大胸筋を鍛えるには腕立て伏せが効果的。肩甲骨をしっかりと動かせば、スムーズな腕振りができるようになる。

ランニングで使うおもな筋肉

FRONT

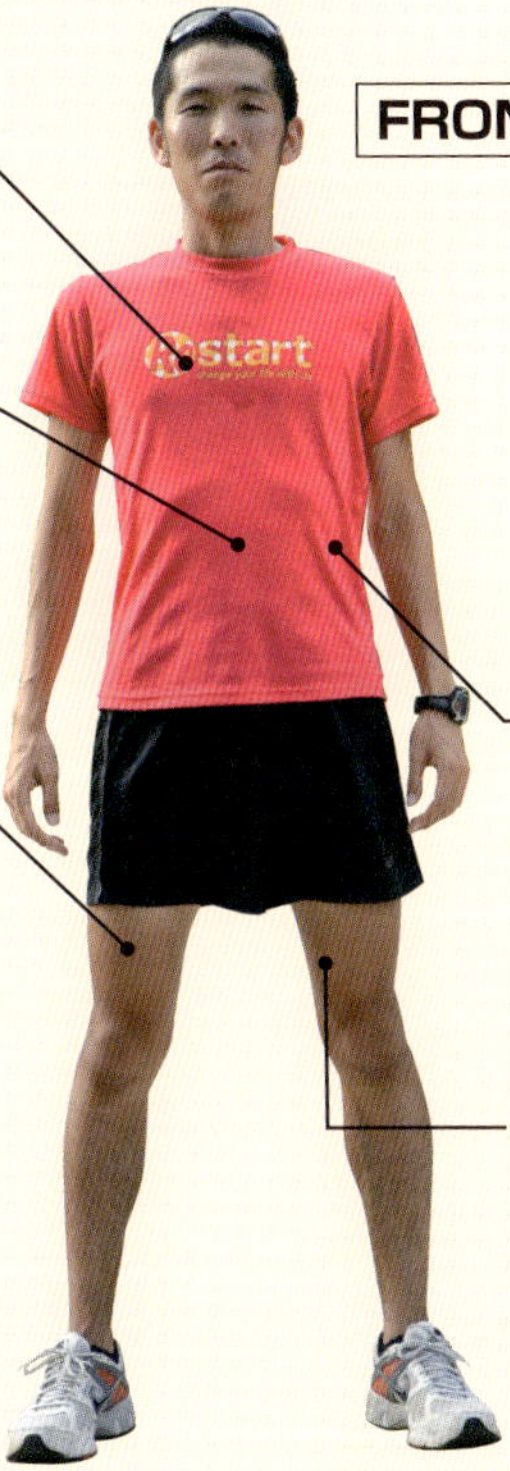

大胸筋

腕を肩の高さまでのばし胴体に近づける動作の際に使われる、胸前面を覆う大きな筋肉。

腹直筋

腹部の中央を覆う筋肉で、背骨を屈曲させたり骨盤の動きをコントロールする。

大腿四頭筋

大腿四頭筋は腿の前面の4つの筋肉の総称で、ヒザを伸ばしたり足を前にあげる際に伸縮する。

腹斜筋

外腹斜筋と内腹斜筋の2つからなり、体を屈曲させたりひねったりする際に働くわき腹の筋肉。

内転筋

モモを外側から体の中心方向に動かす際に使う。緩むとヒザが離れがちになる。

BACK

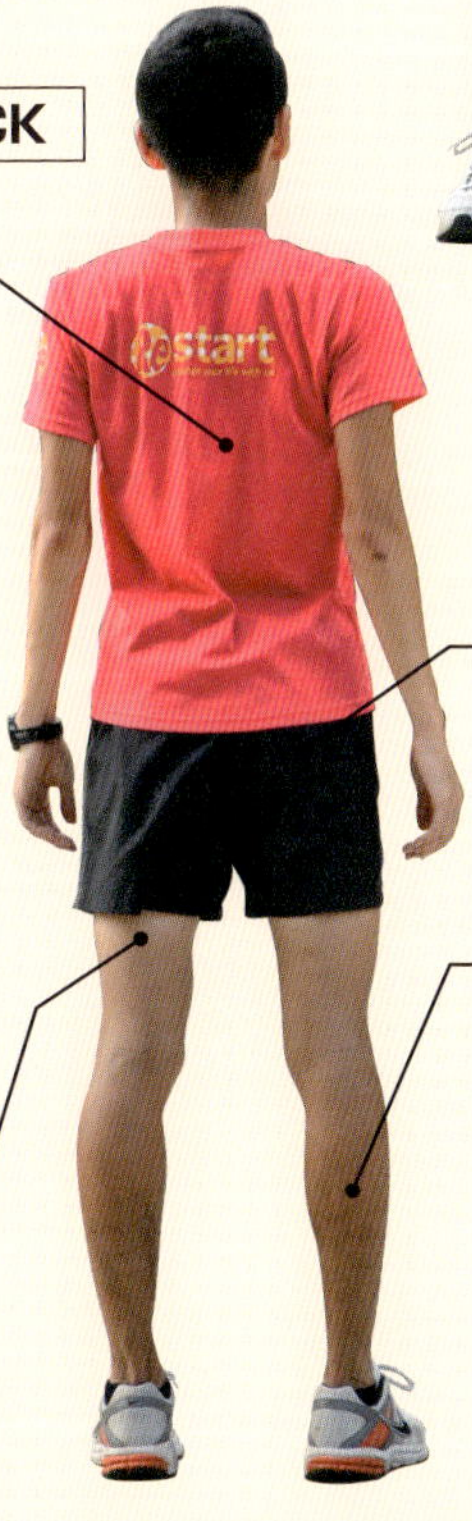

広背筋

背中の半分を覆う大きな筋肉で、腕を引き寄せる腕振りの際に使う。

大殿筋

股関節を伸ばしたりモモを後ろに引き上げる動きに使われるほか、骨盤の位置を安定させる。

下腿三頭筋

下腿三頭筋はふくらはぎの筋肉の総称で、走る、跳ぶ際ヒザや足首を動かすのに使う。

ハムストリングス

モモの前面の大腿四頭筋とペアで働き、股関節とヒザを動かす際に使われる。

POINT 35

ストレッチ&補強エクササイズ

体のケアと補強エクササイズの必要性

CHECK POINT!

1. 練習の前後にストレッチを行う
2. ウォーミングアップのドリルで体を大きく動かす
3. 補強トレーニングに取り組む

体をケアしつつ レベルアップさせる

トレーニングで十分な力を発揮できるようにするために、本格的な練習の前にはウォーミングアップが欠かせない。筋肉や関節をゆっくり伸ばすストレッチなら、少しずつ体を目覚めさせることができるので、ウォーミングアップに最適だ。また走り終わった後、疲労した体を整えて、回復しやすくするために行うのがクールダウン。ウォーキングやストレッチなど軽く体を動かすことで、**筋肉中に溜まった乳酸などの疲労物質が、すみやかに体の外に排出されやすくなり、回復を早めることができる。**

また走るだけでは鍛えづらい体幹の筋肉は、補強運動で鍛えると有効だ。継続して行うことで、疲労しにくくケガをしにくい体を作ることができる。

コツ①
練習の前後にストレッチを行う

トレーニングの前後に、ウォーミングアップやクールダウンとして取り入れたいのがストレッチ。長距離走で使う筋肉や関節を伸ばすことで、トレーニングに入っていく際の準備ができるだけでなく、故障しにくい長距離走に適した体を作ることが可能になる。

コツ②
ステップドリルで体を大きく動かす

ストレッチで筋肉をよくほぐしたら、次に行いたいのが、体をより大きく動かしながら、筋肉と関節を伸ばしていくステップドリル。このドリルは走り始める前のウォーミングアップになるだけでなく、走るときに重要になる体幹や下半身の筋肉を鍛えられるメリットがある。

コツ③
補強トレーニングに取り組む

走るための筋肉は、走ることでつけることができるが、補強トレーニングで体幹とよばれる腹筋や背筋などをアップさせることで、フォームが安定するだけでなく、疲れにくくケガをしにくい体になる。週に2～3回と回数を決めて取り組んでみよう。

プラス+1 ウォーミングアップの順番

ウォーミングアップの目的は、体を目覚めさせてトレーニングへの橋渡しをすること。急に体を大きく動かすと、心拍数が跳ね上がって体に負担がかかる。スタートはその場でできるストレッチから始め、徐々にウォーキングやステップドリルなどの動きの大きなものに展開していくと効果的。

POINT 36

ストレッチの注意点

息を止めない、伸ばしている筋肉を意識するなどの注意点を守ると、ストレッチの効果がアップする。

CHECK POINT！

1. 伸ばしている筋肉を意識する
2. 息は止めずに自然呼吸を心がける
3. 伸ばした状態で10～15秒静止する

体をケアしつつレベルアップさせる

　ストレッチはポイントをおさえているかどうかで、効果が変わってくる。**1つのストレッチにかける時間は10～15秒。筋肉を伸ばしている間は、その筋肉に意識を集中すると効果が高まる。また呼吸をとめると余計な力が入るので、自然呼吸を心がけよう。**

　反動をつけたり勢いをつけると、筋肉や関節を痛めることになるので気をつけること。自分の柔軟性に合わせて無理せず伸ばしていって、関節の可動域を広げていく。ストレッチはトレーニング前後に限らずいつ行ってもかまわないが、オススメは筋肉が柔らかい状態の風呂上りのタイミング。反対に食後の30分～1時間後は消化のために胃に血液が集中するので、筋肉への血流を促すストレッチは避けた方がいい。

伸ばしている筋肉を意識

伸ばしている筋肉を意識する

ストレッチを行うときは、伸ばしている筋肉を意識すると効果があがる。体の動きと脳の関係を調べた研究では、筋力トレーニングで動かしている筋肉を意識すると効果が2倍になったというデータもある。ストレッチにも同様のことを当てはめることができる。

息はとめない

コツ
②

息は止めずに自然呼吸を心がける

息を止めると力んでしまうので自然な呼吸を心がける。伸ばすときには、静かに長めに息を吐くようにすると、緊張がほぐれて筋肉が伸びやすくなるメリットがある。仲間と一緒にストレッチをする場合、話しながら行うとリラックスでき自然な呼吸に近くなって有効だ。

10〜15秒静止する

コツ
③

伸ばした状態で10〜15秒静止する

弾みや反動をつけると筋肉や関節によけいな負担がかかってしまうので避けること。筋肉をじわじわ伸ばしていったら、その状態をキープして10〜15秒静止する。伸ばしている間は、しっかりとその筋肉に集中して、息を止めないようにする。

プラス+1　休養日でもストレッチを行う

トレーニングで疲労した体を回復させる休養日に、ストレッチを行ってもOK。気持ちよく筋肉を伸ばすことでリラックス効果が得られる。また刺激の弱いウォーキングやジョギングなどを行うことで、疲労が解消することもある。

休養日でも軽く体を動かしてもいい

POINT 37

首と肩まわりのストレッチ

足を軽く広げ、リラックスして直立する。アゴの先を真上にあげて首の前面を伸ばす。

片方の手で後頭部を押さえ下向きの力を加える。アゴを引き寄せるようにして首の後ろ側を伸ばす。

足を肩幅に広げ、背筋を伸ばして直立する。片方の腕を後方に回し、逆側の手で手首をつかむ。

つかんだ手を引っ張る。同時に頭も引っ張った方向と同じ向きに傾け、肩を伸ばす。逆側も同様に伸ばす。

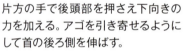

足を肩幅程度に広げて直立。片方の腕を伸ばし、逆側の腕で抱え込むように引き寄せる。

逆の腕も同様に伸ばす。腕を伸ばしきって行わないと効果が出ないので、注意する。

片方のヒジを頭の高さまであげる。逆側の手でヒジをつかみ、頭の方向に力を加えて伸ばす。

逆側も同様に行う。伸ばす腕の指先を真下におろすイメージで行うと、伸ばしやすくなる。

POINT 38

背中と腰、体側のストレッチ

背筋を伸ばし、リラックスして直立する。目線は前方に向け、両手を体の後ろで組む。

手の平を外側に向けて両腕を伸ばす。胸を張り、組んだ両手をあげられるところまであげる。

両腕を伸ばして、頭の上で両手を組む。体全体を弓状に傾けて、体の側面を伸ばす。

逆側も同様に行う。上半身だけを傾けないように、背筋は真っ直ぐ伸ばしたままキープする。

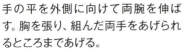

体の後方に両手をついて座る。片方の足を伸ばし、逆側の足を曲げて交差させる。

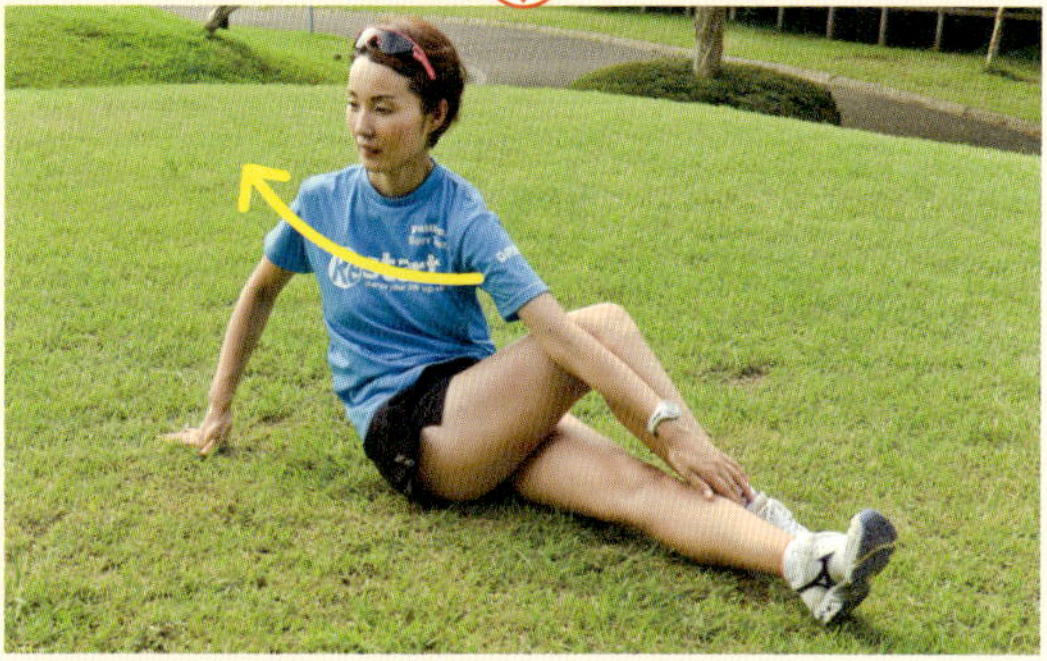

交差させた足のヒザに、対角の腕のヒジをつける。腕を伸ばして上半身全体をひねる。

腰を少し浮かせて背中を丸め、アゴを引きながら上半身を前方に倒す。その姿勢をキープ。

両足を大きく開き、両ヒザが90度曲がるまで腰をおとす。両手を体の前で合わせる。

POINT 39

下半身のストレッチ

背筋を伸ばし、目線を前方に向けて直立。片方の足を曲げ、足の甲を手でつかみ引き寄せる。

ヒザを多少後ろに引っ張ると、より効果があがる。逆の足でも同様に伸ばす。

両足を伸ばした状態で交差させて直立する。背筋を伸ばし、両腕はリラックスさせる。

両手の指先を地面に向けておろし、上半身を曲げる。交差させた両足が曲がらないように注意。

ふくらはぎのストレッチ

片方の足を軽く曲げて前に出す。目線は前方に向け、後方の足はカカトを地面につける。

前方の足に重心をかけ、ヒザを徐々に曲げる。後方の足のカカトが浮かないように注意。反対側の足でも同様に行う。

アキレス腱のストレッチ

片ヒザをついて、両手は立てたヒザの上に置く。背筋を伸ばし、目線は前方に向ける。

立てたヒザに重心を置き、前に体重を移動する。カカトが浮くと効果がないので注意する。反対側の足でも同様に行う。

POINT 40

ウォーミングアップのためのステップドリル①

背筋を伸ばし、進みたい方向の足を横向きに大きく広げる。重心も同じように移動させる。

広げた足が着地した瞬間に、もう一方の足も地面を蹴る。先行している足と空中で揃える。

両腕を大きく振って地面を片足で蹴りあげる。普段の走るときより高く跳ぶように意識する。

地面を蹴りあげた足で着地する。逆側の足は大きく踏み込めるように振りかぶって準備する。

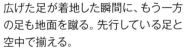

プラス+1

サイドステップをしながら両腕を動かす

サイドステップをしながら、リズミカルに両腕を前後に動かしたり回したりすることで、肩まわりのストレッチも同時に行うことができる。腕を振るには、肩関節や肩甲骨の柔軟性がカギになる。サイドステップに上半身の動きをプラスすると効果的だ。

足の親指の付け根の拇指球で地面を蹴るようにする。体の軸を真っ直ぐに保つ。

プラス+1

スキップしながら腕をまわす

サイドステップと同じように、腕をまわしながらスキップをすると、肩や肩甲骨のストレッチも同時に行える。スキップのリズムと腕の動きはあまり意識せず、大きく円を描くように思い切りまわそう。腕をまわしても、上半身の姿勢はキープすること。

同じように地面を蹴りあげ、その足で着地する。これをリズムが狂わないように繰り返す。

POINT 41

ウォーミングアップのためのステップドリル②

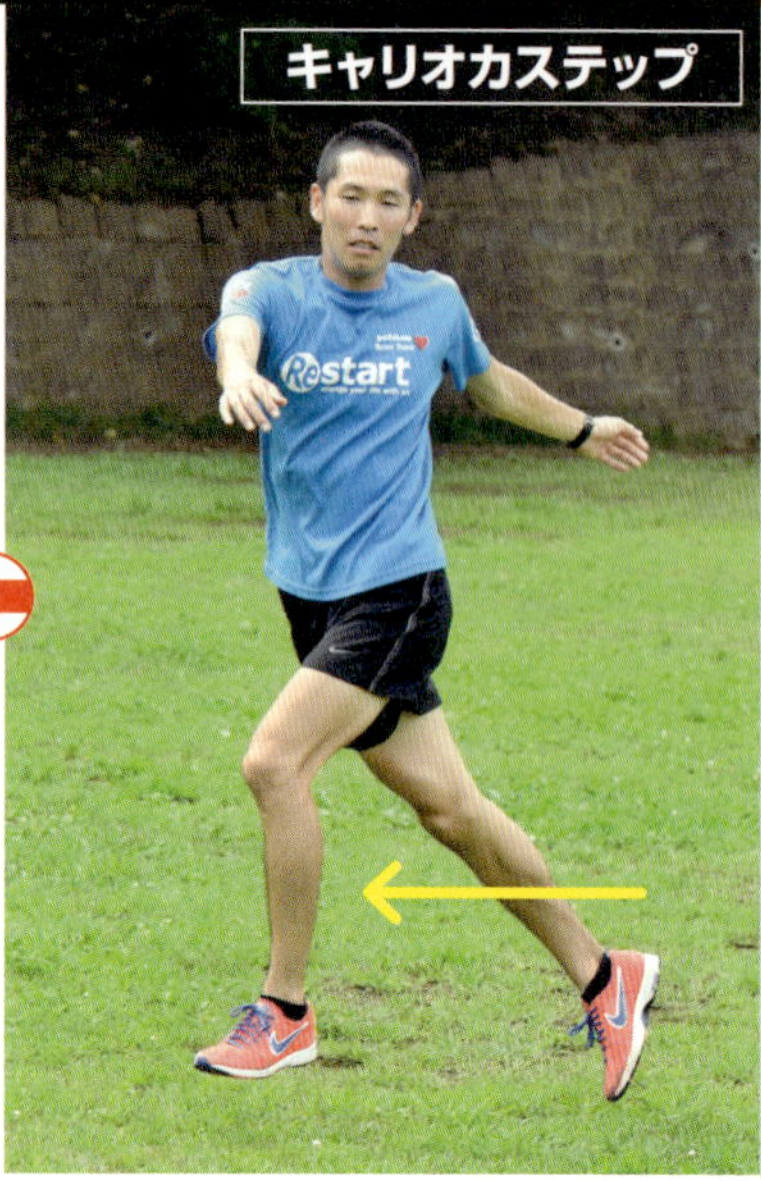

半身になり、進みたい方向とは逆の足で地面を蹴る。下半身をひねり両足を交差させる。

進行方向の足を大きく広げて交差を解く。両足がもつれないように気をつける。

通常のキャリオカステップよりも股関節を意識して、円を描くようにモモをあげる。

足を大きく動かす分、体の軸がブレやすくなる。体重移動を意識してバランスを保つ。

プラス+1

骨盤を動かしてステップを踏む

足を交差させる際に注意したいのが骨盤の向き。腰から下をひねることにより、骨盤の向きが斜めになっていることをチェックしよう。骨盤の動きは腕振りと連動しているため、スムーズに動くようになると、上半身と下半身が連動した走りができるようになる。

後方で足を交差させる。上半身がブレないように注意しながら、これを繰り返し進む。

後方の交差は通常のキャリオカステップと同じように行う。逆方向も同じ分量行う。

両腕の振りを使いながら、進行方向の足を横に開いて下半身のひねりを元に戻す。

POINT 42

体幹を鍛える筋肉トレーニング

胸の筋肉を鍛える

うつ伏せの姿勢から、両腕を肩幅よりも広めに開き体を支える。背筋はまっすぐに伸ばす。

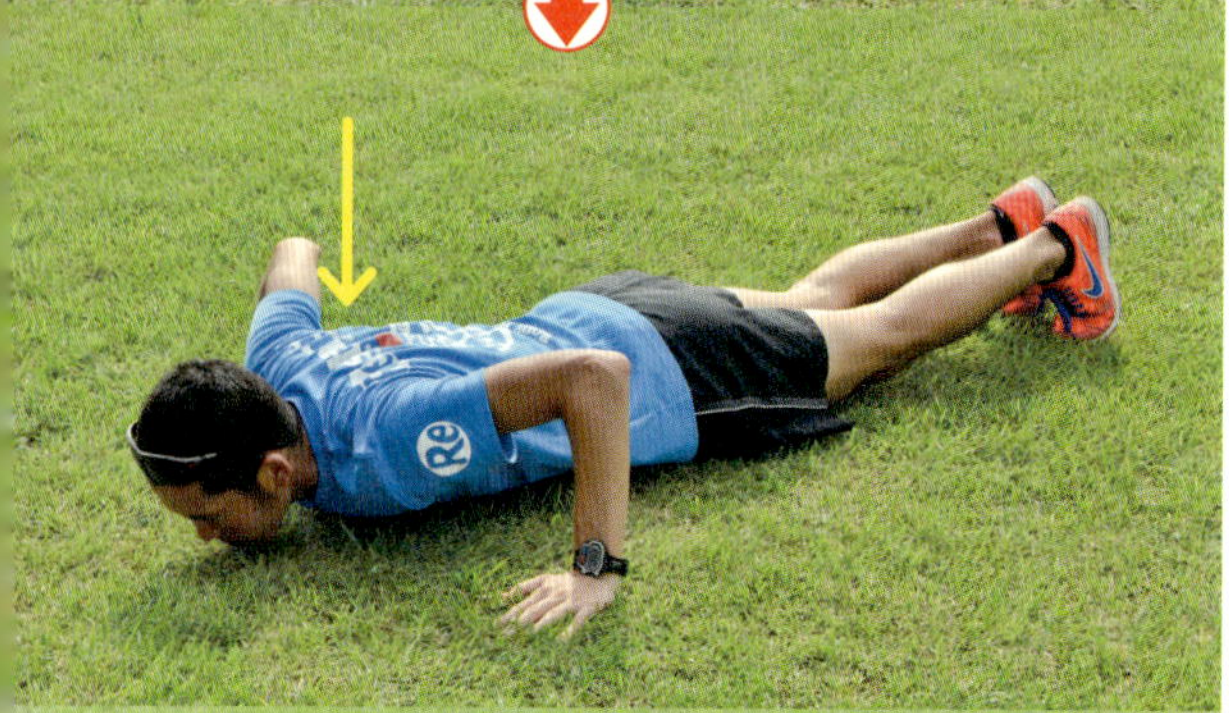

まっすぐに伸ばした姿勢をキープしたまま、ゆっくりと腕を曲げて体を地面に近づける。

腹筋を鍛える

仰向けの姿勢から、両腕を頭の後ろで組み、両足をそろえて地面から浮かせる。アゴを引く。

右ヒザと左のヒジを近づけるようにして体をひねる。以後左右にひねってリズミカルに繰り返す。

四つんばいの姿勢から、背筋を伸ばした状態で左腕を前に右足を後ろにまっすぐに伸ばす。

同様に右腕を前に左足を後ろに伸ばす。指先からツマ先まで1本の線でつながるように。

両足をそろえて立ち、背筋を伸ばして立つ。目線はまっすぐ前に向け、両腕は体の横に。

そのままの姿勢をキープして、右足を大きく一歩前に踏み出す。反対側も同様に繰り返す。

COLUMN 長距離走者に多いケガ

体に痛みが出たら、自己診断はせずに練習を休んで様子を見る。無理せず休んで早めに対応すれば、軽傷のうちに治ることもある。

ウォーミングアップや日頃のケアを念入りに行っても、体に痛みが出たりケガをすることはある。その多くは、筋力不足やフォームの乱れによる体への負担が原因。競技者のケガには、ひざの痛みや背中の痛み、アキレス腱の痛み、ハムストリングスやふくらはぎなどに突然痛みが走る肉離れなどがある。ほかにも急激にトレーニング量を増やしたときに見られる脛まわりの炎症であるシンスプリント、尻からモモの後ろにかけて鋭い痛みが走る坐骨神経痛、足の底に鈍い痛みが続く足底腱膜炎など様々。これらの症状が出たら、自己診断はせずに、まずは練習を休んで様子をみる。痛みが引かない場合は専門の医師の指示を仰ぐことも必要。早めに対応すれば、症状が軽いうちに治ることもある。似ている症状の仲間がいたとしても、同じ症状とは限らないので、安易に比較することは避けること。

PART5

レースに勝つための栄養学

POINT 43

4つのポイントでトレーニングを考える

走りをレベルアップするには、フォームやトレーニングメニュー、栄養バランスのよい食事が重要。

CHECK POINT！

1. 理想的なフォームを身に付ける
2. 走るだけでは鍛えられない筋肉をつける
3. 自分に合ったトレーニングメニューを立てる
4. 5大栄養素をバランスよく摂って体をつくる

走るだけじゃない 長距離走のトレーニング

長距離走のトレーニングは、走るだけではない。楽に長く走るには、まず理想的なフォームをマスターすることは必須。じっくりと時間をかけて自分のフォームを磨くことが大切だ。全身の筋肉をバランスよく使って走るには、下半身だけでなく体幹といわれる胴体部分の筋肉を鍛える必要がある。走るだけではつきにくい筋肉は、エクササイズで補強していくと効果的。またトレーニング効果をあげるには、自分に合ったトレーニングメニューを組む必要がある。そしてなにより大事なのは、トレーニングで疲れた体を回復させること。**栄養バランスのよい食事を1日3回しっかりと食べることで、走りをレベルアップさせることが可能になる。**

フォームを身につける

コツ❶ 理想的なフォームを身に付ける

長距離走でレベルアップを目指すなら、まずは理想的なフォームのマスターが必須。フォームが安定すると、疲れにくくなって楽に走れるようになるため、記録更新につながる。またケガをしにくい、必要な筋肉が鍛えられるなど様々なメリットを期待できる。

エクササイズで補強する

コツ❷ 走るだけでは鍛えられない筋肉をつける

ランニングは全身運動のため、全身の筋肉をバランスよく鍛えることが必要。走るだけではつきにくい筋肉はエクササイズで補強しよう。また暑さの厳しい夏は、走る練習の替わりにエクササイズの割合を増やすなどして工夫すると、効率のよいトレーニングになる。

自分に合ったトレーニング

コツ❸ 自分にあったトレーニングメニューを立てる

個人種目である長距離走でレベルアップを目指すなら、自分の実力に合ったトレーニングメニューも重要。その際気をつけることは、目的にあった内容を選ぶことも大事だが、過度の練習でオーバーワークにならないこと。コーチなどにも相談してメニューを組むこと。

バランスのよい食事が大事

コツ❹ 5大栄養素をバランスよく摂って体をつくる

トレーニングによって一時的に壊された筋肉は、休養を与えることで回復する。その際に重要となるのが体を作るための食事だ。毎日の食事は1日3回、たんぱく質、炭水化物、脂質、ミネラル、ビタミンの5大栄養素をバランスよく摂ることが大切だ。

POINT 44

5大栄養素をバランスよくとる

CHECK POINT!
1. 炭水化物は運動には欠かせないエネルギー源
2. 血液や筋肉を作るたんぱく質
3. 持久力の源になる脂質
4. 代謝を助けるビタミンとミネラル

毎日の食事で5大栄養素をしっかり摂る

たんぱく質、脂質、炭水化物、ビタミン、ミネラル、これら5つを合わせて「5大栄養素」と呼ぶ。**トレーニングで疲労した体を回復させるためには、エネルギー源となったり、骨や血などを作る働きを持つ5大栄養素を、毎日の食事からバランスよく摂ることが大切になる。**

5大栄養素の役割を意識したうえで、食事メニューを考えると、走力を高めることも可能だ。たとえばスピードを求めるなら腱や関節を強くするためにミネラルを積極的に摂る、スタミナが不足しているなら炭水化物を上手に摂取することで、エネルギー源を体内に蓄えておくこともできる。また食事では十分に補えない栄養素は、サプリメントを活用してもよいだろう。

コツ① 炭水化物は運動には欠かせないエネルギー源

炭水化物は体の主要なエネルギー源で、ご飯や、果物、砂糖に含まれる。脂質やたんぱく質と比べると体を動かす際にすばやく使えるという特長があり、体内では、血液中のブドウ糖のほか、肝臓や筋肉にグリコーゲンとして少量を貯蔵しているだけである。

コツ② 血液や筋肉を作るたんぱく質

たんぱく質は、血液や筋肉など体をつくる主要な成分で、体重の約5分の1をしめる。エネルギー源として使われることもあり、肉や魚、大豆、乳製品に多く含まれている。トレーニングで疲労した体を回復させるのに欠かせない栄養素だ。

コツ③ 持久力の源になる脂質

脂質は持久力の源になる栄養素。人が消費するエネルギーのうち25%は脂質から摂取するのが望ましいとされていて、肉や魚、油脂などに多く含まれている。脂質が不足すると、便秘や肌荒れの原因となったり、ビタミンA、D、E、Kなどが、体に吸収されにくくなる。

うなぎにはビタミンAをはじめ多くのビタミンが含まれる。

コツ④ 代謝を助けるビタミンとミネラル

ビタミンとミネラルは、それ自体がエネルギーになるものではないが、潤滑油のような働きをして代謝を助けている重要な栄養素だ。またほとんどのビタミンは、体の中ではつくることができず、食べ物で摂取するしかない。意識的に摂るように心がけよう。

グリコーゲン

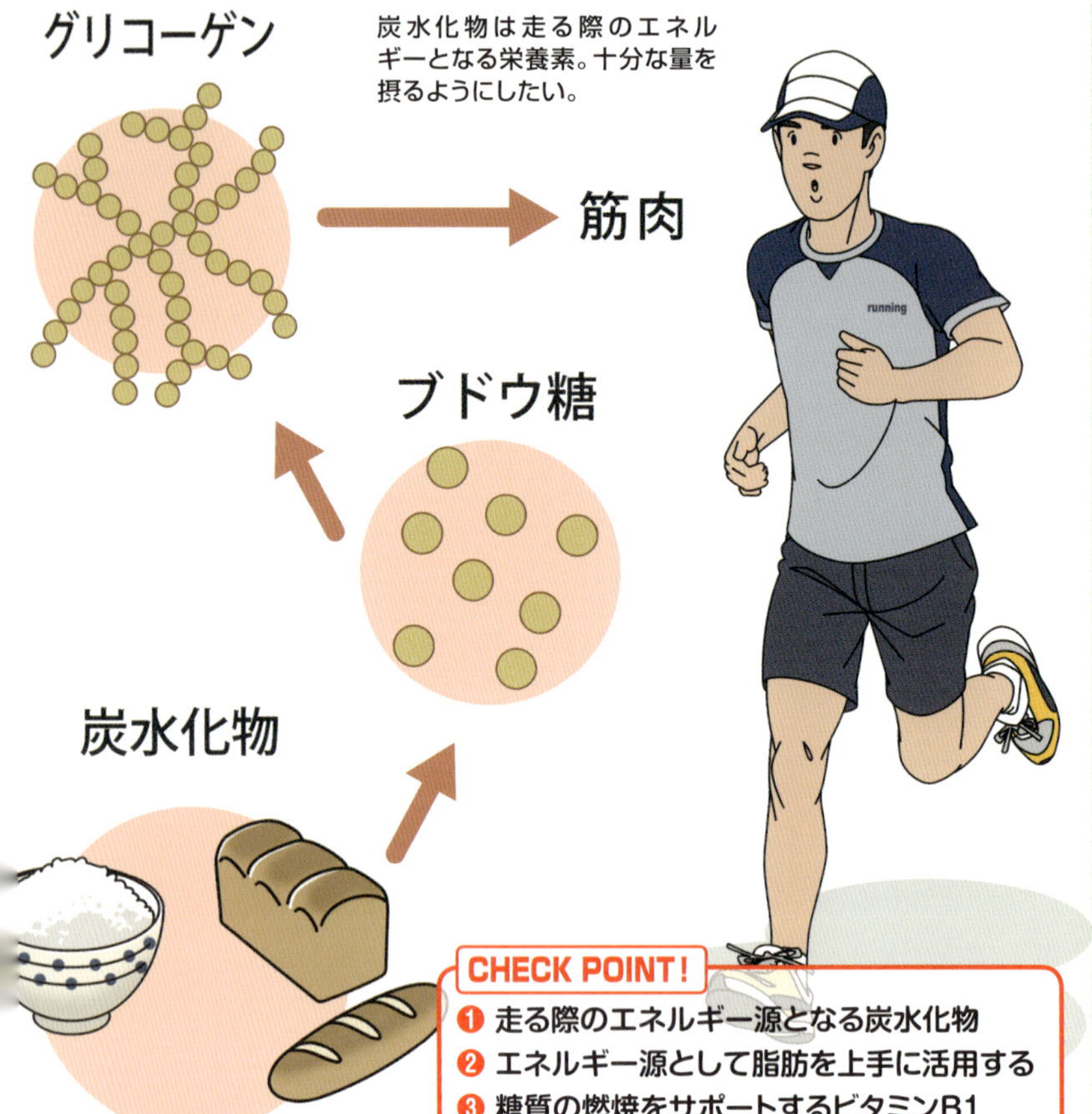

炭水化物は走る際のエネルギーとなる栄養素。十分な量を摂るようにしたい。

筋肉

ブドウ糖

炭水化物

CHECK POINT!
❶ 走る際のエネルギー源となる炭水化物
❷ エネルギー源として脂肪を上手に活用する
❸ 糖質の燃焼をサポートするビタミンB1

レースに勝つための栄養学

POINT 45

炭水化物でスタミナを手に入れる

炭水化物は十分な量を摂る

全身運動の長距離走では、エネルギーが不足すればたちまち体が動かなくなってしまうため、事前に走り続けるためのエネルギーを体内に蓄えておく。**炭水化物は人間が運動する際のエネルギー源となる大切な栄養素で、体の中で糖質に分解されたあと、筋肉内でグリコーゲンとして貯蔵される。**米やうどん、パンなど主食となるものに多く含まれるので、朝昼晩、十分な量を必ず摂るように心がけよう。

またビタミンB1は体内に取り入れられた糖をエネルギーに変えるのに不可欠な栄養素。豚肉やうなぎ、豆腐などに多く含まれ、不足すると炭水化物をスムーズにエネルギーに変えることができなくなり、疲れの原因になることもある。毎日の食事でしっかり補っていこう。

コツ❶ 走る際のエネルギー源となる炭水化物

ランナーの体にもっとも必要なのが、エネルギー源となる炭水化物。米やパン、そば、パスタなどの穀物類や、じゃがいもやさつまいもなどの芋類に多く含まれる。練習やレース中のスタミナ切れを防ぐためにも、朝昼晩とバランスのよい食事の中で十分な量を摂ろう。

コツ❷ エネルギー源として脂肪を上手に活用する

脂肪が不足すると、エネルギー源をグリコーゲンだけに頼ることになる。スタミナを持続させる鍵は、体を動かすエネルギー源として、脂肪も上手に燃焼させること。そうすることによって、グリコーゲンを温存させることができる。脂肪は肉や魚、オイル類に多く含まれる。

コツ❸ 糖質の燃焼をサポートするビタミンB1

炭水化物が体内で糖になり、燃焼してエネルギーに変わる際には、ビタミンB1が必要になる。そのためエネルギー源である炭水化物と合わせて摂ると効果的。反対に不足すると疲れやすくなるので注意が必要だ。ビタミンB1は、豚肉やうなぎ、納豆や豆腐などの大豆から作られるものに多く含まれる。

プラス+1 朝食は毎日しっかりと摂る

朝食を摂ると一日しっかり動くための栄養を蓄えることが可能。朝食は炭水化物だけでなく、5大栄養素をバランスよく摂るのが理想的だ。普段食べない朝食をレースの日だけ食べると、うまく消化できないこともあり注意が必要。

しっかり動くために朝食を摂る

POINT 46

たんぱく質でレースに勝つパワーを養う

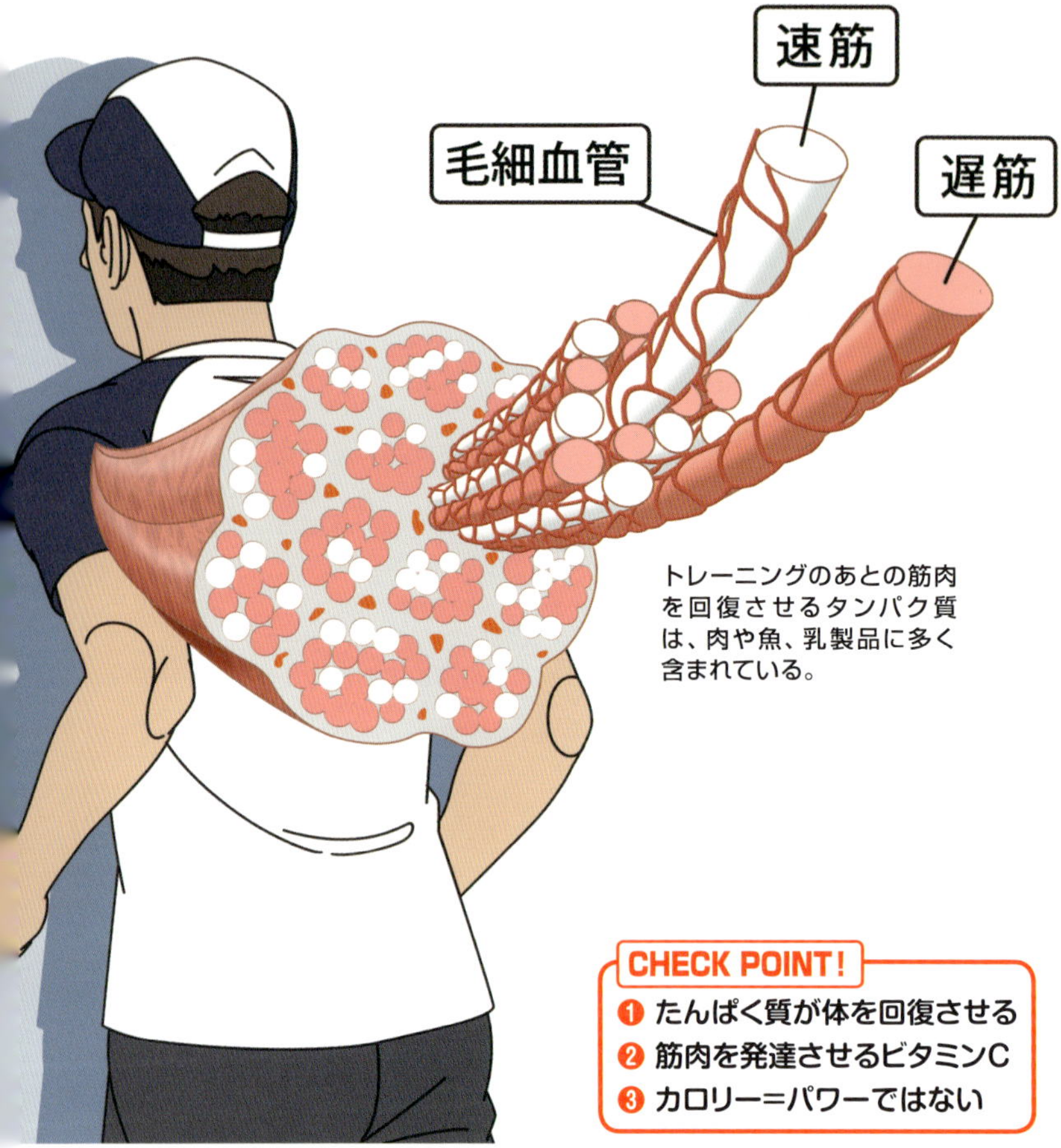
速筋
毛細血管
遅筋
トレーニングのあとの筋肉を回復させるタンパク質は、肉や魚、乳製品に多く含まれている。

CHECK POINT!

1. たんぱく質が体を回復させる
2. 筋肉を発達させるビタミンC
3. カロリー＝パワーではない

タンパク質を摂って コンディションを安定させる

長距離走に必要な筋肉は、長時間にわたって力を発揮し続ける遅筋とよばれる筋肉。この筋肉には、筋肉内に酸素をためるミオグロビンが多く赤い色をしているため赤筋とよばれることもある。トレーニングやレースによって筋繊維は破壊されるが、休息を取ることで以前の状態よりも強くなって修復する。このメカニズムを超回復というが、**修復されるときに必要とされるのが、筋肉や骨を作るたんぱく質という栄養素だ。たんぱく質は肉や魚、牛乳などの乳製品に多く含まれる。**長距離を日常的に走って、体にダメージを与えている競技者にとって、たんぱく質はレベルアップはもちろん、コンディションを安定させるためにも重要となる栄養素。毎日の食事の中で、良質のたんぱく質をしっかり摂ろう。

コツ❶ たんぱく質が体を回復させる

トレーニングでダメージを受けた体は、たんぱく質を摂ることにより、筋肉や骨、血や細胞などがふたたび作られて回復する。たんぱく質は鶏肉や豚肉、乳製品、魚、卵などに多く含まれるが、肉類には脂肪も含まれているため、脂身が多い場合カットして食べるとよい。

コツ❷ 筋肉を発達させるビタミンC

ビタミンCには体内の過剰な活性酸素を取り除く抗酸化作用があり、筋肉の疲労を軽減する働きがある。また脂質の分解を助ける酵素が多く含まれていて、筋肉の発達を促進する働きもある。ビタミンCは水溶性で、尿や汗とともに排出され体の中に溜めることができない。

コツ❸ カロリー＝パワーではない

パワーをつけるためにカロリーの高いものをたくさん食べるのは間違い。ファーストフードに代表されるような脂っこくカロリーが高いものは、栄養が偏るだけでなく太る原因になる。よけいな脂肪がつくとそれだけ体重が重くなり、体に負担がかかってしまうので注意すること。

プラス+1 栄養補給にバナナが優れている理由

バナナは水分と糖をほどよく含んでいて、消化吸収がよい果物。また短時間でエネルギー源になり、発汗によって失われるカリウムとマグネシウムを含むため、筋肉の痙攣を防ぐこともできる。バナナは競技者の栄養補給に理想的な食べ物だ。

POINT 47

骨を強くしてスピードアップにつなげる

CHECK POINT!
1. カルシウムを摂って骨を強化する
2. 腱や靭帯を強化するコラーゲン
3. 体の機能を整えるミネラル

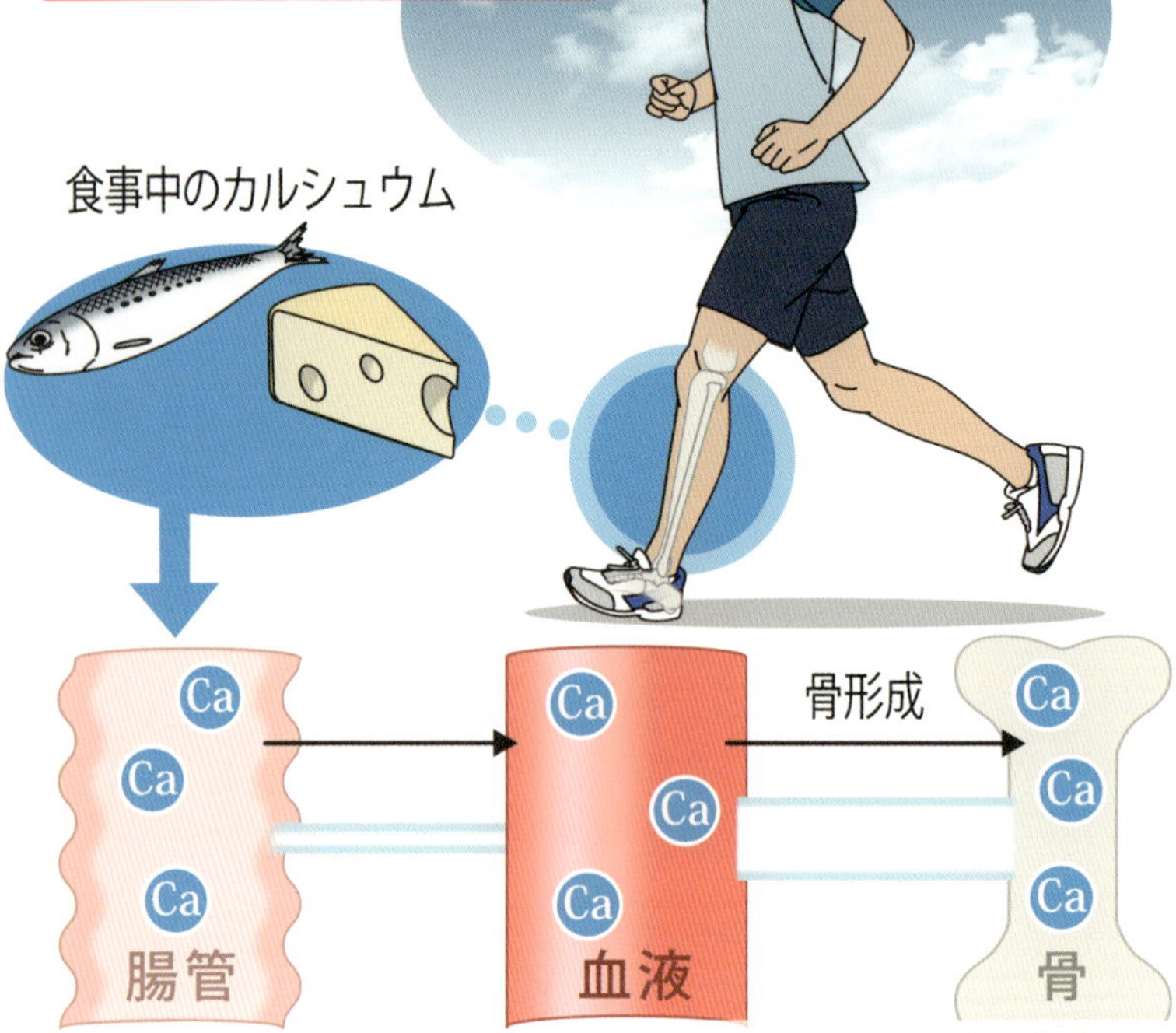

骨や骨をつないでいる腱や靭帯を強化すれば、さらなるレベルアップが期待できる。

筋肉からパワーとスピードを引き出す

スピードアップに必要なのは、いうまでもなく筋肉である。しかしさらなるレベルアップを目指すなら、筋肉を強化するのと同時に着地をするたびに負荷がかかっている骨も強く丈夫にしたい。**骨を構成するのはミネラルという栄養素の中のカルシウム。カルシウムは牛乳を始めとする乳製品、豆腐、納豆などの大豆加工食品、小魚類などに含まれている。**

また骨だけでなく、筋肉と骨をつないでいる腱や靭帯を強化すれば、筋肉から最大限のパワーとスピードを引き出すことが可能。腱や靭帯を強化するには、たんぱく質の一種であるコラーゲンの摂取が必須。長距離走では腱や靭帯には強い力がかかるが、コラーゲンはその際にクッションのような働きをして骨折などの危険から体を守る。

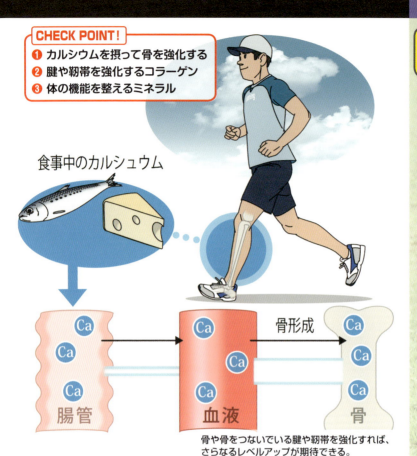

コツ① カルシウムを摂って骨を強化する

ミネラルにはカルシウム、鉄分、亜鉛、マグネシウムなどがあり、体の組織を整える働きをする。カルシウムは、強い骨を作るのに必須であり、牛乳や小魚、大豆加工食品に多く含まれている。ミネラルは体の中で作る事ができないため意識的に食事から摂取する必要がある。

コツ② 腱や靭帯を強化するコラーゲン

筋肉と骨をつなぐ腱とよばれる部分はコラーゲンでできていて、強い力に耐えることができる。コラーゲンを多く含むのは、鶏肉や豚肉、貝類や海藻類など。つまりこれらを意識的に摂取すれば、筋肉から最大限のパワーを引き出すことが可能になるのだ。

コツ③ 体の機能を整えるミネラル

ミネラルにはカルシウム、鉄分、亜鉛、マグネシウム、ナトリウムなどがあり、体の生理機能を整えて、たんぱく質や脂質が体を作る際のサポートをする役割がある。鉄分はレバーやプルーン、亜鉛はアーモンド、マグネシウムは大豆、ナトリウムは梅干に多く含まれている。

プラス+1 貧血には鉄分

発汗で鉄分を失いやすいランナーは貧血になりやすいといわれる。そのため「軽い練習なのに疲れやすい」と感じた場合貧血の可能性がある。鉄分はカキやハマグリ、小松菜やホウレンソウに多く含まれ、ビタミンCといっしょに摂ると吸収率がアップする。

POINT 48

レースに勝つための栄養学

十分な水分補給を心がける

CHECK POINT!

❶ 人の体の60～65％は水分でできている
❷ 早め早めの水分補給を心がける
❸ スポーツドリンクで塩分も一緒に補給する

体をよい状態にキープしてパフォーマンスをあげるには、水分補給がカギを握る。

水分補給でパフォーマンスが向上する

人間の体の60～65％を占める水分は、生理学的に見ても重要な役割がある。血液が循環するには血液中に十分な水分が必要だし、暑くて汗が出るのは、体温調節のためだ。また腸から栄養素を吸収する際や、尿によって老廃物を排出する際にも水分は不可欠だ。

このように人間が生きていくうえで、水分は欠かせない。しかし、運動をして汗をかくと、水分は体内からどんどん失われていってしまう。そのため**体をよい状態にキープして、パフォーマンスをあげるには、上手な水分補給が重要な要素になる。**ここではそのタイミングや量など、水分補給のコツを紹介する。しっかりとつかんでトレーニングやレースに役立ててほしい。

コツ① 人の体の60～65%は水分でできている

人間の体の約60～65%は水分で占められていて、体温の調節や栄養素の運搬、また老廃物を体外に排出する際に不可欠。レースやトレーニングで水分補給がうまくいかないと、疲労などの原因になる。水分補給はランナーのパフォーマンスを向上させる重要な要素だ。

のどが乾いて
からでは遅い

コツ② 早め早めの水分補給を心がける

水分を補給してから体に吸収されるまでにかかる時間は、約10～20分といわれる。また体内の水分が不足してから、頭で「のどが渇いた」と自覚するまでには時間差がある。そのためのどの渇きを感じてから水を飲むのでは遅い。早め早めの水分補給が理想的だ。

コツ③ スポーツドリンクで塩分も一緒に補給する

発汗によって失われるのは水分だけではなく塩分も同時に失われる。その状態で水だけを補給すると、血液中の塩分濃度が下がり脱水症状を引き起こすことも。そのため、塩分も一緒に補給できるスポーツドリンクがおすすめ。多くの水分を失う夏場は同量の水で薄めてもよい。

プラス+1 一回に飲む量は100ml程度

一度にたくさんの水分を補給すると、胃がもたれる原因になる。水分補給の基本は、少量の水分をこまめに摂ること。季節や気温などにもよるが、紙コップに軽く一杯分程度の100mlの水分を、30分に1回程度補給することを目安にしてみよう。

少量の水を
こまめに摂る

POINT 49

サプリメントで効率よく栄養を補給する

日頃の生活で不足しがちな栄養素は、サプリメントを活用するとよい。

CHECK POINT!

1. たんぱく質は運動後に摂ると効果的
2. 体を動かす前後に炭水化物でエネルギー補給
3. ビタミン&ミネラルはこまめに補給する

不足しがちな栄養素をサプリメントで補給する

サプリメントはタブレット状のものやゼリー状のものなど、様々なものが市販されている。日々の食事で摂りにくい栄養素が凝縮されていて、必要に応じて効率よく補給ができる便利なものだ。**種類に応じて適切な量と摂るタイミングがあるので、それを確認して上手にサプリメントを使うことができれば、トレーニングの効果があがることはまちがいない。**

注意しなければならないのは、あくまでもサプリメントは普段の食事を補助するものであるということ。そのためサプリメントを摂れば食事をする必要がないのではない。基本的に1日3食バランスよく食べた上で、それでも不足しがちな栄養素をサプリメントで補うのが正しい付き合い方だ。

たんぱく質は筋肉を回復させる

コツ① たんぱく質は運動後に摂ると効果的

激しく体を動かす競技者の体に欠かせないのがたんぱく質。たんぱく質を構成するアミノ酸は骨を形成するほか、筋肉の収縮や肝臓や腎臓などの臓器をつくる役割もする。たんぱく質は運動により損傷した筋肉の回復を促す働きがあるため、運動後に摂ることが基本。

すばやくエネルギー補給

コツ② 体を動かす前後に炭水化物でエネルギー補給

炭水化物は体を動かすエネルギー源となる栄養素。そのため炭水化物のサプリメントは、体を動かす前後の時間や、体を動かしている間に摂ると、すばやくエネルギー補給ができて効果的だ。ゼリー状のものは、食欲がないときでも比較的簡単に摂ることができる。

ビタミンとミネラルは汗と共に失われる

コツ③ ビタミン&ミネラルはこまめに補給する

ブドウ糖をエネルギーに変えるのにビタミンは必須の栄養素。またミネラルは骨と血液を作る栄養素だ。どちらも汗と一緒に失われるため、こまめに補給する必要がある。つねに不足しないようにするには、一度に摂らずに数回に分けて摂ることがポイントだ。

プラス+1 鉄分でスタミナ切れをふせぐ

鉄分が不足するとスタミナ切れになりやすくなり、ひどい場合は貧血を引き起こすこともある。十分な量を食事から摂る事が難しい場合は、積極的にサプリメントを利用していこう。鉄分は多く摂りすぎると肝機能障害につながることあるので注意が必要。

カーボローディングでエネルギーをためる

旧来の方法と新しい方法の比較

旧来の方法		
	運動量	食事
1日目	増やす（糖質を使い果たす）	高たんぱく・高脂質・低糖質
2日目	減らす	高たんぱく・高脂質・低糖質
3日目	減らす	高たんぱく・高脂質・低糖質
4日目	減らす	高たんぱく・高脂質・低糖質
5日目	減らす	高糖質
6日目	減らす（休む）	高糖質
7日目	減らす（休む）	高糖質

新しい方法		
	運動量	食事
1日目	増やす（糖質を使い果たす）	通常の食事
2日目	減らす	通常の食事
3日目	減らす	通常の食事
4日目	減らす	通常の食事
5日目	減らす	高糖質
6日目	減らす（休む）	高糖質
7日目	減らす（休む）	高糖質

※高糖質の食事は、全体の70％を糖質が占めることを目安とする。

レース前に炭水化物を体内にため込む

カーボローディングのカーボは炭水化物（carbohydrate）の略語で、ローディングは英語で詰め込むという意味。カーボローディングは、レースの前に炭水化物を体内に詰め込むことで、スタミナ切れを防ぐ方法だ。炭水化物は消化吸収されたあと、グリコーゲンの形で貯えられ運動時のエネルギー源となるが、炭水化物は貯えられる量に限度がある。そのため運動中に炭水化物が不足するとスタミナ切れをおこし、動けなくなることもある。

このようなスタミナ切れを防ぐには、**レース前に良質の炭水化物を摂って、いかに体内に貯えるかがポイント**になる。カーボローディングは、マラソンなどの長距離走のほか、いろいろな種目で行われている。

グリコーゲンを
枯渇させるのは古い方法

コツ❶ グリコーゲンを効率よく貯め込む

よくとられる手法としては、まず運動量を増やして糖質量が少ない食事を続け体内のグリコーゲンを枯渇させる。そのうえで炭水化物を早く貯蔵しようとする反応を利用して、高糖質の食事でグリコーゲンを大量にを摂取し、効率よく貯め込む。

3日前に高糖質の食事にする

コツ❷ 新しい方法はレース前に高糖質食に切り替える

最近の新しい方法では、体内のグリコーゲンを極端に減らす必要はないと考えられている。運動量を減らしてグリコーゲンの消費を抑えて、レースの3日くらい前から高糖質食に切り替える方法の方が、体に負担がかかることがなく、有効であるとされている。

レース前は休む

コツ❸ レース前はしっかりと休む

新しい方法のカーボローディングでは、筋肉、肝臓中のグリコーゲン量は2～3倍に増えるといわれている。レースの前2～3日は運動量を減らすか、休むこととしなければ効果が見込めないとされているので、試合前には練習のしすぎを控えること。

プラス+1 カーボローディングも栄養素はバランスよく

コンディションをキープするには、カーボローディング中もたんぱく質、ビタミン、ミネラルを摂取する。肉や魚は脂肪の少ない部位・種類を選んだり野菜もしっかりと食べるなど、5大栄養素をバランスよく摂ろう。

POINT +α

朝・昼・晩の理想の食事メニュー

曜日	メニュー	
月	朝	食パン　目玉焼き　ウインナー　ヨーグルト　オレンジジュース
	昼	白米　味噌汁　サバの塩焼き　生野菜サラダ
	晩	玄米　豚肉のオイスターソース炒め　きのこスープ
火	朝	しらすごはん　味噌汁　冷奴　りんご
	昼	白米　味噌汁　カジキマグロの照り焼き
	晩	玄米　チキングリル　ごぼうサラダ
水	朝	シリアル　ミルク　スクランブルエッグ　ハム　モモの缶詰
	昼	白米　味噌汁　鶏ササミ揚げ
	晩	ちらし寿司　酢の物　ワカメスープ
木	朝	白米　味噌汁　ホッケ塩焼き　バナナ
	昼	白米　味噌汁　豚の生姜焼き　漬物
	晩	玄米　レバーの煮付け　ひじき煮
金	朝	たまごサンドイッチ　ツナサラダ　ヨーグルト
	昼	トマトスパゲティ　きのこと貝の炒め物　生野菜
	晩	玄米　味噌汁　ヒラメのムニエル　しじみ汁
土	朝	ロールパン　コーンスープ　グレープフルーツ
	昼	ソースヒレカツ丼　生野菜　大根スープ
	晩	玄米　味噌汁　アジの南蛮漬け　ボイルサラダ
日	朝	納豆ごはん　ほうれん草とアサリの卵とじ　漬物
	昼	親子丼　味噌汁　いんげんのゴマ和え
	晩	野菜煮込みうどん　白和え

トレーニングの量によってカロリー量を計算する

競技者にとって毎日の食事は、トレーニングと同じくらい大切なもの。献立を考える際、気をつけたいのは、たんぱく質、脂質、ミネラル、ビタミンの5大栄養素をバランスよく摂ることだ。また**トレーニング量が多い時期は、エネルギーの消費も激しくなり、それに従い求められるカロリー量も多くなる。反対に軽い練習をしている時期は、いつもよりもカロリーを控えめにする工夫も必要**となる。いつでも同じ量を食べ続けると、ウェイトオーバーになってしまって体に負担をかけてしまう結果になるので注意しよう。

食事はあまりナーバスに考えすぎると、楽しめなくなる。無理をせずに、体と相談しながら献立を決めていくことがポイント。

朝食で頭と体が目覚める

コツ① 頭と体を目覚めさせる朝食

朝食を食べると体温があがり脳の働きが活発になるので、頭と体を目覚めさせる効果がある。1日を元気に過ごして理想的な練習を積むためにも、朝食はしっかり摂ることを心がけたい。朝料理をするのが面倒臭い人は、前日の夜にフルーツの皮をむくなど準備しておくとよい。

忙しくても昼食をしっかり摂る

コツ② 昼食で血糖値を安定させる

忙しいと昼食を十分に摂る時間がないことも多い。しかし昼食をしっかり摂れば、血糖値が安定する。そのため忙しくても昼食は摂る方がベター。バランスのとれた食事がベストだが、十分な量の昼食が摂れなかったときは、積極的に補食などを行うようにするのがおすすめ。

夕食でエネルギーを補充する

コツ③ 夕食で減少したエネルギーを回復する

練習を行った日は、十分な量の夕食を摂ることがなによりも大切。練習によって減少した体内のエネルギーは、練習後30分以内に食事を摂ることでその回復が高まるといわれる。そのため練習後は、あまり時間をあけずに夕食を摂るように心がけるとよい。

プラス+1 レース前の食事のポイント

摂った食べ物が、実際にエネルギーに変わるまでには消化・吸収する時間が必要。そのため、食事はレースの3時間前まで済ませておくのが理想的だ。また前日の食事では、刺身などの生ものや、酒類は極力控えた方が無難だ。

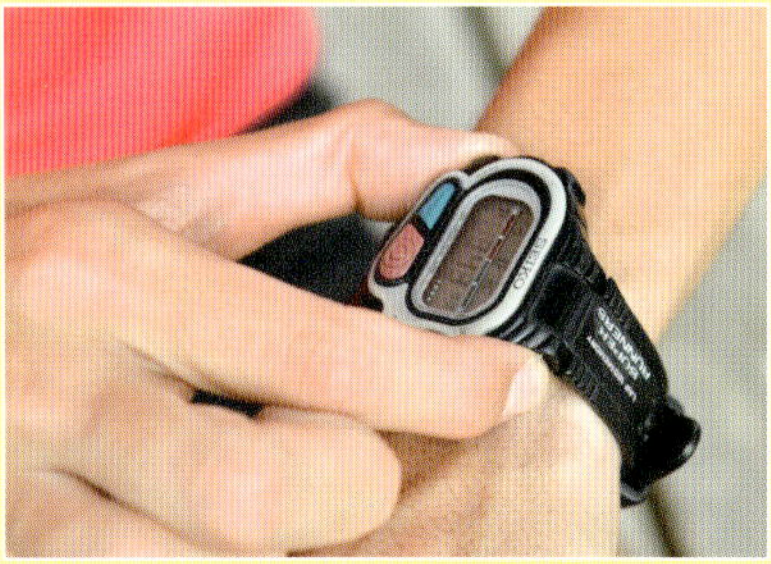

Restart

NIKE

おわりに

　最近はランニングがブームとなっており、道路や公園で多くの市民ランナーの走る姿を見ることができます。たくさんの方々に長距離走の楽しみや喜びを知ってもらえることは、とても嬉しいことです。しかし、その中のほとんどのランナーは自己流のフォームで、目的なく走っているように感じます。

　レースで記録を狙うのならば、自分にとっての理想のフォームと練習メニューが必要です。特にフォームは長距離走においてとても重要です。楽に長く走り続けられるフォームなら、レースの後半になっても疲れにくいので、記録を狙いやすくなります。反対に体に負担がかかるようなフォームでは、長く続けているとケガの原因になることもあります。

　長距離走は、練習を含めてほとんどが自分との闘いといえるでしょう。競技としては決して楽なものではないし、偶然に記録が出ることもありません。しかし、練習を重ねていけば必ず自分の力になるし、その結果よい記録が出たときは、何物にも代えられない喜びを得ることができます。本書がそうしたあなたの走りに少しでも助けになれば幸いです。

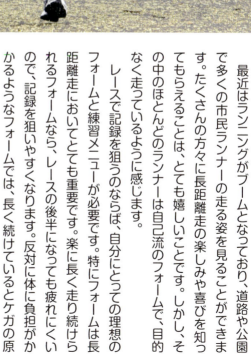

●監修協力（PART1、3） ……大崎栄　片岡純子（リスタートランニングクラブ）
●モデル ……………………………猪瀬裕輔　大西あずさ（リスタートランニングクラブ）
●イラスト…………………………庄司猛　都澤昇
●カメラ……………………………柳太
●デザイン…………………………居山勝
●編集 ………………………………株式会社gig
●写真提供 …………………………アフロスポーツ　ピクスタ

リスタートランニングクラブ

2007年に発足した人気ランニングクラブ。東京を中心に埼玉県、神奈川県でも練習会を行っている。

HP　http://jrestart.jp/

自己ベストを出せる！
陸上競技 長距離・駅伝

2018年3月20日　第1版・第1刷発行

監修者　川嶋 伸次（かわしま しんじ）
発行者　メイツ出版株式会社
代表者　三渡　治
〒102-0093 東京都千代田区平河町一丁目1-8
TEL：03-5276-3050（編集・営業）
03-5276-3052（注文専用）
FAX：03-5276-3105
印　刷　株式会社 厚徳社

●定価はカバーに表示してあります。
©ギグ, 2011, 2018 ISBN978-4-7804-2003-6 C2075 Printed in Japan
ご意見・ご感想はホームページから承っております。
メイツ出版ホームページアドレス http://www.mates-publishing.co.jp/
編集長:折居かおる　企画担当:大羽孝志／堀明研斗
本書は2011年発行の『大会で勝つ！陸上長距離・駅伝　記録を伸ばすポイント50』を基に加筆・修正を行っています。